Apprendre à Mixer Pour Devenir DJ

- 101 Secrets Pour Réussir Facilement -

Éditeur : BoD-Books on Demand, 12/14 rond point des Champs Élysées, 75008 Paris, France
Impression : BoD-Books on Demand, Norderstedt, Allemagne

ISBN : 978-2-322-03058-3
Dépôt légal : juillet 2015

Sommaire :

5 RAISONS DE LIRE CE LIVRE

- Vous allez découvrir des dizaines de techniques de mix, de conseils et d'astuces (parfois « bizarres » ou peu connus, des fois jamais vus ailleurs) pour apprendre les bases du DJing, et pour aller bien plus loin...

- Vous allez profiter de plus de 12 années d'expérience en DJing (et en production musicale) concentrées dans un ouvrage au ton très... « personnel » :-)

- Vous allez pouvoir progresser en mix sur le long terme en consultant ce livre à nouveau des mois ou des années après, afin d'approfondir certains thèmes particuliers...

- Vous allez voir comment faire pour vous démarquer des autres DJs sur différents points (technique, style, comportement...), et comment exprimer pleinement votre personnalité musicale !

- Vous allez enfin découvrir un moyen redoutable pour mettre (sérieusement) en pratique ce que vous allez apprendre, et constater des résultats concrets quant à votre progression au bout de seulement quelques semaines...

COMMENT VOUS SERVIR DE CE LIVRE

Si vous débutez en mix, je vous invite à lire ce livre un chapitre après l'autre, car ils sont prévus dans un ordre logique d'apprentissage.

Si vous avez déjà quelques années d'expérience, vous pouvez vous diriger directement vers les chapitres ou les thèmes qui vous intéressent.

Ce livre n'est pas conçu comme une méthode à suivre précisément étape par étape (comme c'est le cas pour mes cours).

Il s'agit d'un recueil d'articles regroupés par thèmes, chaque thème pouvant concerner des DJs de niveau débutant comme de niveau avancé.

Par exemple : sur le thème du calage tempo, vous allez trouver des techniques pour apprendre les bases (niveau débutant), mais aussi des astuces pour peaufiner vos calages tempo de manière plus subtile (niveau avancé)...

Certaines informations peuvent paraître redondantes ou se répéter d'un chapitre à l'autre, elles sont néanmoins importantes ;-)

Sur ce, bonne lecture !

1- TYPES DE PRESTATIONS & MATÉRIEL DE MIX

3 (+1) PROFILS de DJ avec Leurs Rôles, Leurs Contraintes et Leurs Avantages Associés :

Le but du DJ est de faire passer du bon temps à son public, et cela quelque soit son niveau d'expérience, ses techniques de Mix, ou encore le matériel qu'il utilise.

Pour certains DJs, enchaîner les bons titres aux bons moments suffira à faire vibrer les danseurs, même s'il ne maîtrise pas parfaitement les techniques de transitions.

Pour d'autres DJs, il s'agira de créer de la musique en « live », pour répondre au mieux à l'énergie de leur dancefloor en temps réel...

Voici plus en détails 4 profils de DJ qu'on retrouve régulièrement :

1/ Le DJ « de chambre » :

Ces DJs ne sont pas forcément intéressés par le côté mix en public du DJing, ni par ses interactions en live.

Ils peuvent néanmoins avoir une excellente technique DJ et se faire connaître en jouant des sets sur des web radios, ou encore en les diffusant sur des sites comme Soundcloud, Mixcloud ou Facebook par exemples.

Le rôle de ces DJs est de jouer et / ou d'enregistrer le meilleur set possible, de manière propre et précise, en s'abstenant des contraintes de stress inhérentes au fait de mixer en public.

Ces prestations permettent d'appliquer un grand nombre de techniques sophistiquées car ces DJs jouent avec leur propre matériel de mix, et dans le confort de leur environnement personnel.

Personne n'est là pour les juger ou les gêner pendant qu'ils mixent, ils peuvent donc rester pleinement concentrés pour réaliser ce qu'ils ont l'intention de faire, dans les styles musicaux qu'ils préfèrent.

Les DJs qui ne mixent que chez eux ou uniquement devant leur petit groupe d'amis passent à côté de l'excitation et de l'euphorie qu'on peut ressentir en mixant en public.

Les causes peuvent être variées : ils peuvent appréhender les réactions possibles du public, ils peuvent avoir peur de se planter et de se faire critiquer, ou encore ils n'ont pas forcément d'opportunités pour jouer en public...

Si vous êtes dans ce cas-là et que vous aimeriez bien mixer face à un dancefloor, sachez que vous pouvez travailler sur ces points pour corriger le tir d'une manière ou d'une autre.

2/ Le DJ en clubs ou en bars :

Le DJ qui mixe en club ou dans un bar peut être considéré comme professionnel ou « semi-professionnel », dans le sens où il exerce sa passion dans un environnement à but lucratif.

Suivant le contexte, il peut être rémunéré ou pas, et peut avoir un dancefloor à disposition avec un public à faire danser.

Son rôle est de coller à l'image de l'établissement et de faire passer un bon moment à sa clientèle, tout en s'accordant aux styles de musiques qui sont joués habituellement.

L'avantage de mixer en club ou en bar est de pouvoir tirer des revenus grâce à sa passion si le DJ développe sa carrière en tant que professionnel.

Etre résident dans un établissement permet d'en profiter régulièrement.

3/ Le DJ en free parties ou en teknivals :

Celui qui mixe en free parties ou en teknivals peut être un DJ débutant comme très expérimenté : aucune barrière d'entrée ou exigence professionnelle n'est obligatoire.

Suivant les goûts musicaux du sound system chez qui il joue, ce type de DJ peut mixer ses styles préférés, même si les tendances sont surtout orientées vers des styles comme le Hardcore, la Hardtek, L'Electro, le Dubstep, la Tribe et leurs dérivés.

On peut trouver aussi de la Drum'n'Bass, de la Jungle, ou encore de la Trance...

Le rôle des DJs de teufs est purement de faire plaisir à leur public et à eux-même, dans un contexte pleinement festif et (relativement) libre.

Ils peuvent jouer les styles qui leur plaisent le plus quels qu'ils soient, sans contrainte commerciale ou professionnelle, et ils peuvent donc exprimer totalement leur créativité et leur personnalité musicale.

Mais ce n'est pas tout rose, car dans certains cas il peut être (très) difficile de se concentrer sur son set quand on mixe en free party : passer aux platines entre 7H du matin et 14H peut être fatiguant, se faire déranger par des personnes du public complètement torchées pour des choses pires que futiles, ou encore avoir l'esprit obsédé par l'arrivée possible des bleus (flics ^^) ou par un groupe électrogène qui tombe en panne d'essence... (ça sent le vécu tout ça !! :-/).

4/ Le DJ animateur :

Le DJ animateur doit s'occuper de faire danser les personnes présentes lors d'un mariage, d'un anniversaire, d'une soirée d'entreprise ou d'autres types d'événements.

Son approche est bien différente des 3 autres profils de DJs, car il doit vraiment s'adapter à son public pour choisir les titres qu'il va enchaîner.

Ces titres peuvent appartenir à des styles qu'il n'apprécie pas forcément, et il ne va quasiment jamais caler le tempo car il ne s'agit pas de musique Techno (en 4/4) pour la plupart du temps : rock, variété française, la danse des canards...

Ces DJs ont donc pour contrainte de devoir connaître un grand nombre de titres dans beaucoup de styles complètement différents, afin de pouvoir s'adapter à des publics très variés et hétéroclites.

Ils doivent aussi intervenir souvent au micro pour motiver les troupes à venir sur le dancefloor, ou encore pour lancer des jeux pour amuser les convives.

Ce type de prestation permet de développer des revenus si le DJ animateur souhaite se professionnaliser dans cette voie.

Découvrez Les Différents Types de Prestations et le Matériel DJ Respectif

Voici un tour d'horizon des différents types de DJs avec le matériel propre à chacun...

1/ Le matériel DJ des animateurs d'événements et des DJs mobiles :

Il s'agit ici des DJs qui animent des mariages, des karaokés ou d'autres types de prestations pour lesquelles ils sont amenés à se déplacer.

Matériel utilisé par ce type de DJ : souvent des platines CD, un ordinateur portable avec éventuellement un contrôleur USB et un micro pour pouvoir échanger avec les invités.

Une table de Mixage bas ou moyenne gamme leur suffit.

Ces DJs proposent souvent de fournir du matériel de sonorisation (notamment un système d'enceintes de façade et de retour avec les amplis qui vont avec), ainsi que divers accessoires qui permettent d'instaurer une bonne ambiance (lumières, machine à fumée...).

Ils peuvent ainsi proposer une prestation « tout-en-un » ce qui facilite la vie de leurs clients.

L'utilisation de fly-cases pour le transport du matériel de Mix est vivement recommandé.

2/ Le matériel DJ des professionnels :

Les DJs qui jouent régulièrement en clubs ont du matériel de Mix professionnel mis à leur disposition.

Matériel utilisé par ce type de DJ : tout dépend de leurs préférences, mais les lecteurs CD (souvent de marque Pioneer) sont des grands classiques.

On retrouve aussi des platines vinyles (Technics SL 1200 mk2 restant la référence) de plus en plus utilisées en système DVS (avec Traktor par exemple).

Ils peuvent avoir accès à un micro pour mettre l'ambiance au près du dancefloor.

Les tables de Mix qu'ils utilisent sont du haut de gamme pour assurer une qualité de son optimale sur un gros système de sonorisation, souvent en 4 voies pour pouvoir relier tout le matériel nécessaire.

3/ Le matériel DJ des amateurs et des passionnés :

Les DJs amateurs utilisent leur propre matériel de Mix, qui dépend donc de leurs moyens et de leurs besoins.

Il peut donc s'agir de matériel d'entrée de gamme comme du très haut de gamme.

Matériel utilisé par ce type de DJ : on voit de plus en plus de DJs débutants commencer avec un logiciel de Mix comme Virtual DJ avec éventuellement un contrôleur USB, cette solution restant l'une des plus accessibles.

Les platines vinyles de toutes gammes sont toujours d'actualité, surtout depuis l'arrivée des systèmes DVS comme Traktor ou Serato, même chose pour les lecteurs CD.

Enfin, les « Liveurs » utilisent souvent un ordinateur portable avec un logiciel « sequencer » (Ableton, Fruity Loops...) couplé à un contrôleur USB (Akai APC40, NI Maschine...).

Les Liveurs sur machines (boîtes à rythmes, synthés, groove-box...) sont de plus en plus rares.

4/ Le matériel DJ des scratcheurs :

Qu'ils soient professionnels ou amateurs, les scratcheurs Mixent sur platines vinyles, avec ou sans système DVS (disques vinyles Time-codés permettant de contrôler un logiciel tel que Traktor ou Virtual DJ).

Matériel utilisé par ce type de DJ : afin que la cellule évite de trop sauter lors de leurs manoeuvres plus ou moins brutales, les scratcheurs customisent leurs platines en mettant un maximum de poids sur ces cellules, ou en réajustant le contre-poids pour arriver au même résultat.

Les platines vinyle sont du haut de gamme, car pour scratcher il faut un moteur suffisamment puissant, la lecture devant être très réactive.

En ce qui concerne la table de Mixage, une 2 voies suffit avec un maximum de réglages quant à la courbe des faders et du cross-fader.

Établissez Facilement Votre CONFIGURATION DJ pour Bien Débuter en Mix

Vous voulez vous mettre à Mixer mais vous ne savez pas quel matériel DJ vous conviendrait le mieux ?

Vous êtes un peu perdu entre les différentes configurations DJ possibles : des lecteurs CD, un système « DVS » ou encore des platines vinyles… ?

Vous allez découvrir comment vous y retrouver pour déterminer le matériel de Mix qu'il vous faut…

1/ Déterminez votre besoin pour choisir votre configuration DJ :

Dans un premier temps, vous devez savoir quel(s) usage(s) précis vous ferez de votre matériel de Mix.

Est-ce que vous comptez animer des mariages ?

Mixer quelques titres de temps en temps dans votre chambre ?

Ou bien voulez-vous apprendre à Mixer suffisamment sérieusement pour pouvoir jouer en public, en club ou encore en festivals ?

Suivant votre envie, vous devrez vous entraîner plus ou moins régulièrement et intensivement, et les choix que vous ferez quant à votre configuration DJ en dépendent directement.

Par exemple, si vous comptez Mixer uniquement chez vous comme un loisir occasionnel, une configuration DJ d'entrée de gamme pourra vous satisfaire.

Au contraire, si vous avez l'ambition de devenir DJ professionnel, vous devrez vous orienter vers du matériel plus solide et plus performant, donc plutôt haut de gamme (en fonction de vos moyens bien sûr !).

Si c'est l'animation qui vous branche, vous devrez sans doute investir dans un microphone, ce qui n'est pas le cas si vous comptez vous servir uniquement de platines !

Concernant l'aspect sonorisation c'est le même principe : à vous d'évaluer si vous n'avez besoin que de modestes enceintes pour Mixer dans votre chambre, ou si vous devez sonoriser une soirée de 50 personnes par exemple.

Le top serait que vous achetiez la BONNE configuration DJ du premier coup, afin de ne pas avoir à réinvestir au bout de 6 mois...

Donc commencez par déterminer clairement ce que vous voulez faire avant d'acheter quoi que ce soit ! ;-)

2/ Les différents types de matériels pour établir votre configuration DJ :

Une fois que vous savez exactement ce que vous voulez faire en DJing, vous pouvez vous pencher sur les éléments qui vont constituer votre configuration DJ.

Voici un rapide tour d'horizon :

– Les lecteurs CD : adaptés à tous styles de musique et à tout type de prestation.

L'avantage c'est qu'il vous est facile de graver vos propres CD et certains modèles lisent le format MP3, vous restez donc assez libre.

Exemple de platine CD et MP3 : la Denon DNS 1200.

– Les platines vinyles : le top si vous comptez scratcher.

Ce format est adapté à tous types de musiques, mais ne sera pas très pratique si vous souhaitez animer un mariage.

Prenez en compte le coût des disques vinyles sur le long terme : en moyenne il faut compter 9€ par disque.

Exemple de platine vinyle : la Stanton T92 USB.

– Les logiciels de Mix et les contrôleurs USB : cette solution vous offre une grande flexibilité car il vous suffit de disposer des titres en MP3 (ou mieux : en WAVE) pour pouvoir les jouer.

Les logiciels DJ proposent plusieurs options comme la synchronisation des tempos, rajouter des samples à la volée, ou encore le réajustement automatique du gain des titres en cours d'utilisation.

Les contrôleurs USB vous permettent d'utiliser les fonctionnalités de votre logiciel DJ sans avoir recours à la souris ou au clavier, ce qui est nettement plus pratique et agréable !

Exemple de logiciel DJ : Virtual DJ.

Exemple de contrôleur USB : le Hercules DJ Console RMX 2.

– Les systèmes DVS : il s'agit de contrôler un logiciel de Mix avec des faux disques vinyles appelés vinyles « Time codés ».

Avec ces systèmes, vous n'avez pas besoin d'un contrôleur USB, mais de platines vinyles à la place.

Idéal pour scratcher des MP3, ou pour conserver l'aspect tactile typique du format vinyle.

Exemple de système DVS : Native Instrument Traktor Scratch A6.

– Le matériel de « Live » : cette configuration DJ est assez différente des autres car elle vous demande de produire vos propres compositions (vos « Lives » ou vos sets de Live) vous-même, que vous allez jouer en temps réel (aucun titre n'est créé à l'avance, mais seulement des samples ou des boucles).

Pour cela, vous pouvez utiliser des logiciels avec des contrôleurs USB, ou des machines « physiques » (comme des boîtes à rythmes, des synthétiseurs ou encore des samplers).

Exemple de logiciel de Live : Ableton Live 9.

Exemple de contrôleur USB pour le Live : Akai APC40.

Exemple de boîte à rythmes : la Akai XR20.

– Les casques DJ : quelque soit votre usage, vous devez impérativement vous procurer un casque « fermé » si possible et qui vous isole bien de l'environnement extérieur.

Exemple de casque prévu pour Mixer : le Sennheiser HD 280 Pro.

– Les microphones : uniquement si vous voulez faire de l'animation lors d'un mariage, pour un karaoké ou encore pour faire intervenir un chanteur ou un MC.

Exemple de micro : le Prodipe M85.

– Les tables de Mixage DJ : vous en aurez absolument besoin si vous Mixez sur platines vinyles ou CD, et sur système DVS.

Pour les autres supports comme les contrôleurs USB, elle n'est pas indispensable mais elle vous permettra quand même de mieux gérer vos entrées / sorties audio.

Pour débuter dans le DJing, vous pouvez prendre une simple 2 voies, par exemple : la Ecler Nuo 2.0.

– Les enceintes : vous pouvez en prendre des « actives » (c'est-à-dire auto-alimentées) ou des « passives » (qui nécessitent un amplificateur externe) d'une puissance suffisante pour votre usage.

Exemple d'enceinte amplifiée : la Behringer B612D Eurolive.

3/ Comment vous procurer les éléments de votre configuration DJ :

Si vous achetez une configuration DJ d'entrée de gamme, je vous conseille de la prendre neuve : vous n'aurez pas de mauvaise surprise sur du matériel dont la qualité est par définition limitée.

Vous pouvez regarder ce qui se fait dans des boutiques de sono « physiques », ou sur des sites comme Sonovente.

Au contraire, si vous visez du haut de gamme, vous pouvez rechercher de l'occasion pour du matériel qui a fait ses preuves (comme les fameuses platines vinyles de chez Technics : les SL 1200 mk2).

Dans ce cas, jetez un oeil aux prix annoncés sur Audiofanzine.

Certaines boutiques de sono proposent des packs tout prêts, par exemple : 2 platines vinyles + 1 table de Mixage + 1 casque.

Ces packs peuvent éventuellement vous faire économiser quelques sous, mais ne vous laissez pas tenter s'il y a au moins un élément qui ne vous convient pas !

Ne vous y intéressez que s'ils valent vraiment le coup, si vous avez un doute sur l'un des éléments du pack : passez votre chemin.

Avant d'acheter quoi que ce soit, renseignez-vous au près de quelqu'un de confiance pour obtenir un avis (vous pouvez me contacter à ce sujet si vous avez un doute sur du matériel), et si possible essayez avant d'acheter.

Apprendre à Mixer Avec un Contrôleur USB : 3 Critères DÉCISIFS Pour le Choisir :

Si vous possédez un ordinateur et que vous voulez apprendre à mixer sans vous ruiner, vous pouvez démarrer en utilisant un contrôleur USB « tout-en-un ».

C'est l'une des configurations les plus populaires aujourd'hui, car elle permet de s'équiper suffisamment bien à moindre frais.

L'autre avantage c'est que vous pouvez profiter d'un grand nombre d'options et de fonctionnalités avancées, qui restent utiles et appréciables même après plusieurs années d'expérience en mix...

Voici 3 critères à prendre en compte pour l'achat de votre matériel DJ numérique :

1/ Définissez votre budget pour apprendre à mixer :

C'est sans doute (et malheureusement) le facteur le plus déterminant !

Pour apprendre à mixer en numérique, vous avez besoin d'au minimum :

– Un ordinateur (MAC ou PC) : portable de préférence si vous comptez l'utiliser pour jouer en public !

Il doit être assez puissant pour pouvoir faire tourner le logiciel de Mix (Traktor, Virtual DJ, Serato DJ...) sans souci.

Vous aurez sans doute de la latence même s'il est costaud, mais c'est un autre sujet...

– Une enceinte ou une paire d'enceintes avec une amplification : votre chaîne hi-fi peut très bien convenir si ça vous permet d'éviter des frais supplémentaires !

Si vous voulez une qualité optimale, partez sur une paire de monitoring amplifiées avec caisson de basse en option.

Vous pouvez éventuellement utiliser du matos de sono s'il n'est pas trop puissant et que votre environnement (voisins, taille de la pièce...) vous le permet !

– Un casque : prévu pour le DJing idéalement pour avoir un certain confort d'écoute.

Mais si vraiment votre budget est trop serré, vous pouvez vous en sortir (provisoirement) avec un casque moins adapté.

Tout ce matériel, vous l'avez peut-être déjà en votre possession, il vous manque donc :

– Un contrôleur USB « tout-en-un » : qui permet d'utiliser les différentes fonctionnalités de votre logiciel de mix de manière tactile (donc sans avoir recours à la souris et au clavier de l'ordinateur !).

Techniquement, c'est possible de mixer sans contrôleur, mais ce serait tellement chiant qu'on oublie cette option…

Ça serait tellement galère que ça vous dégoûterait du DJing avant même d'avoir vraiment découvert ce plaisir !

Soyons clair : en dessous de 150€ (en neuf, et je vous recommande de prendre du neuf), vous n'aurez que de la merde !

Vous serez probablement déçu rapidement, et ce serait bien dommage !

Je vous invite plutôt à économiser (même si ça prend un peu plus de temps que prévu) pour vous prendre un contrôleur entre 150€ et 300€.

Regardez chez Pioneer, Denon ou encore Numark : vous en trouverez sans doute un qui vous corresponde pour ce budget ;-)

– Un logiciel de DJing : vous en avez un de fourni dès que vous achetez un contrôleur USB, et c'est suffisant pour commencer à mixer.

Vous n'avez donc pas à en acheter un en plus du contrôleur !

Ce logiciel peut-être plus ou moins complet et performant, j'y reviens dans une minute…

2/ Choisissez les fonctionnalités indispensables pour apprendre à mixer :

Si vous débutez dans le Mix en partant de zéro, je vous conseille de faire simple !

Le problème avec les contrôleurs USB et les logiciels de mix c'est qu'on a vite fait de vous perdre dans un grand nombre de fonctionnalités...

La plupart d'entre elles sont secondaires ou trop avancées pour un débutant (comme les effets, les boucles ou encore les modes « Flux » ou « Slip » par exemples...).

Bannissez les outils trop compliqués ou trop sophistiqués qui le sont au détriment de la qualité et de la solidité.

Orientez-vous vers un contrôleur USB et un logiciel prévus pour du mix sur 2 platines uniquement (pas besoin de vous aventurer sur du 4 voies ou des remix decks au début !).

Prenez un modèle avec des potards de basses / médiums / aigus rotatifs (ce qu'on retrouve dans 95% des cas) plutôt que des faders rectilignes pour ces plages de fréquences.

Optez pour des jog-wheels classiques plutôt que des bandes tactiles comme on le voit de plus en plus mais qui sont moins confortables pour caler le tempo à l'oreille !

Vous n'êtes pas obligé d'avoir 4 ou 8 pads par voie...

Bref, vous voyez l'idée ;-)

3/ Prenez le logiciel DJ idéal pour apprendre à mixer correctement :

On retrouve généralement 3 logiciels (en versions limitées ou en démo) sur le marché qui sont fournis avec les contrôleurs USB tout-en-un :

– Virtual DJ : bien pour débuter.

– Serato DJ : logiciel de mix destiné à des DJs professionnels. Constructeur sérieux.

– Traktor : mon préféré par sa qualité (Native Instrument est un constructeur sérieux), ses fonctionnalités innovantes (Remix Decks...), et sa capacité à fonctionner à merveille avec les contrôleurs DJ développés par la même marque (Kontrol S2, Kontrol S4, Kontrol X1...).

Chacun de ces logiciels de mix a ses avantages et ses inconvénients (je ne rentre pas plus en détails ici).

Vous pouvez très bien apprendre à mixer avec le logiciel fourni avec votre contrôleur USB, et ensuite passer sur un autre sans trop galérer.

Vous ne serez pas perdu car 90% des fonctionnalités sont les mêmes d'un logiciel à l'autre, c'est surtout l'interface et l'ergonomie qui changent ;-)

Je vous recommande cependant (dans la mesure du possible)

d'essayer Traktor dès que vous le pouvez.

Peut-être que vous aussi vous l'adopterez sans hésiter ^^

Matériel DJ : que Choisir pour Bien Débuter avec un Budget Très (TRÈS) Serré ?

Si vous débutez en DJing, vous êtes peut-être à la recherche de votre premier matériel DJ, et vous pouvez être un peu perdu face à tout ce qu'on peut trouver de disponible sur le marché.

Comme la plupart des DJs novices, vous avez probablement un budget limité, et vous ne voulez pas vous planter dans votre choix, surtout si vous n'êtes pas encore sûr que le DJing restera votre passion sur le long terme...

Voici donc quelques repères pour bien démarrer votre démarche :

1/ Le matériel DJ pour Mixer sur ordinateur :

Si vous possédez déjà un ordinateur (portable de préférence), la solution la plus économique pour apprendre à Mixer reste d'utiliser un logiciel de DJing.

Plusieurs sont payants avec une version de démonstration gratuite (par exemples Traktor ou Virtual DJ), d'autres sont complètement gratuits (Mixxx par exemple) et suffisent pour démarrer.

Vous trouverez un logiciel à essayer que vous soyez sur PC (avec Windows), MAC ou encore sous Linux.

Si vous en restez là, vous allez vite comprendre que vous êtes très limité pour Mixer, car vous devrez utiliser la souris et le clavier de votre ordinateur, ce qui est loin d'être agréable et ergonomique !

Vous pouvez alors investir dans un contrôleur DJ « tout-en-un » qui se comporte comme un périphérique USB, et qui vous permet d'utiliser pleinement votre logiciel DJ sans avoir à toucher à votre ordinateur !

Ce type de contrôleur inclue deux « jog wheels » (des plateaux un peu comme sur certaines platines CD haut de gamme), des potards pour gérer les basses, médiums et aigus, différents boutons et des pitches.

Vous pouvez trouver différents modèles de contrôleurs USB (aussi appelés « contrôleurs MIDI ») de ce type à des prix très abordables.

En dessous de la barre des 100€, vous aurez de la merde (soyons clair !) et vous risquez d'être dégoûté du DJing, donc attendez un peu pour économiser !

Mais entre 100 et 300€ vous pouvez déjà avoir quelque chose de convenable pour débuter en Mix (un modèle à 2 voies suffit, mais à ce prix vous pouvez avoir un modèle à 4 voies si vraiment vous le souhaitez : le Numark Mixtrack Quad par exemple), et un logiciel est fourni avec (souvent en version « LE », c'est-à-dire une édition limitée en fonctionnalités, mais avec laquelle vous pouvez quand même vous amuser un bon moment).

Orientez-vous vers le modèle le plus cher que vous pouvez vous offrir en visant une marque reconnue dans le milieu du DJing.

Numark propose plusieurs contrôleurs USB dans cette gamme de prix (le Mixtrack Pro 2 par exemple), mais je pense surtout à deux modèles créés par Pioneer (l'une des marques les plus respectables en DJing professionnel !) : le DDJ-WeGO2 et le DDJ SB.

Vous pouvez aussi regarder ce que font Denon et Vestax, qui sont des bonnes marques ;-)

Pour ce qui est de votre casque DJ : inutile de prendre un modèle cher, vous pouvez débuter avec quelque chose de très simple à moins de 20€ : le Sony MDR-V150 ou le Behringer HPX 2000 par exemples.

Pour Mixer chez vous, vous n'avez pas besoin d'une qualité d'écoute excellente, d'un grand confort, ni d'un volume puissant ;-)

Pour vos enceintes : inutile d'investir dans du matériel de sono au début, utilisez votre chaîne hi-fi, suffisante pour Mixer à la maison !

Pour vos titres : vous pouvez en récupérer en MP3 ou dans d'autres formats numériques, soit en les achetant, soit en les récupérant gratuitement...

2/ Choisissez votre matériel DJ adapté au support vinyle :

Vous pouvez vouloir débuter en DJing sur support vinyle pour plusieurs raisons, par exemple si vous voulez scratcher sérieusement (il est possible de scratcher avec des platines CD ou des contrôleurs USB, mais le vinyle reste le support de référence à mon avis !), ou encore parce que le « charme » du vinyle avec son côté tactile et sa simplicité d'usage vous attire.

Dans ce cas, vous devrez sortir un budget nettement supérieur à l'achat d'un contrôleur USB (voire même à une configuration avec des platines CD dans certains cas), car vous devrez vous fournir une table de Mixage + 2 platines vinyles.

Pour la table de Mix, vous pouvez démarrer avec un modèle d'entrée de gamme en 2 voies seulement, pour un prix compris entre 100 et 300€.

Si votre budget est très serré, jetez un œil à la Stanton M.203, si vous pouvez mettre un peu plus : la Denon DJ DN-X120 est bien pour son prix et ergonomique (c'était ma 2ème table de Mix ^^), ou la Allen & Heath Xone:23 (marque haut de gamme).

Pour les platines vinyles, vous DEVEZ prendre un modèle à entraînement DIRECT (oubliez les entraînements à courroie pour Mixer !).

Ce qui détermine le plus la qualité d'une platine, c'est la « force » de son moteur (son « couple ») : plus une platine est haut de gamme, plus son moteur sera costaud, c'est-à-dire que vous devrez appliquer une certaine force pour freiner ou accélérer le plateau.

Cela vous fait gagner en confort de Mix, et en précision, fuyez donc les moteurs faiblards des modèles bas de gamme au maximum !

Bien sûr prendre un modèle plus haut de gamme vous assure une meilleure qualité des composants !

Dites-vous ceci : autant vous pouvez démarrer avec un mixer bas de gamme (vous allez forcément le changer pour un modèle qui vous correspond plus une fois que vous aurez pris vos repères), autant changer vos platines vous sera plus contraignant car c'est un plus gros investissement que la table de Mix, et que quand vous montez en gamme en platines vinyles, peu de différences apparaissent avec un modèle bas de gamme (encore une fois, l'élément crucial est la force du moteur, les fonctionnalités avancés comme le « Master tempo » ou le pitch qui peut être ajusté à +/- 12% sont bien moins importantes).

Donc si possible, investissez le plus gros de votre budget dans vos platines pour vous prendre le meilleur modèle possible ;-)

Je vous recommande la marque Stanton (j'ai commencé avec leur milieu de gamme et j'en étais très satisfait : excellent rapport qualité / prix, et plus d'options que mes actuelles Technics SL-1200 mk5 qui sont bien plus chères !).

Pour moins de 300€ vous avez : la T.92 USB ou sinon la T62B.

Vérifiez que la cellule et le diamant sont fournis avec votre platine, sinon cela vous ajoute des frais supplémentaires !

Enfin, avec le support vinyle vous devez prévoir un budget sur le long terme pour acheter vos titres : en moyenne environ 9€ pour un disque comprenant de 2 à 4 titres.

3/ Le matériel DJ pour Mixer sur CD :

Si vous voulez Mixer sur CD, cela vous reviendra sans doute plus cher que si vous passiez par une solution logicielle (si vous avez déjà un ordinateur) couplée à un contrôleur USB.

Vous avez plusieurs choix possibles pour votre matériel :

– Les double-lecteurs CD : pour moins de 400€ vous avez le Stanton C.502, ou le Numark CDN 77 USB.

Vous pouvez fixer ce type de matériel DJ dans des racks de 19″.

– Les combi double-lecteur CD + mixeur intégré : pour moins de 550€ il y a le Gemini GMX Drive ou le Numark CDMix Bluetooth.

Pratique si vous voulez vous déplacer facilement avec votre matériel DJ !

– Les platines CD à plat : pour moins de 250€ pièce : le Numark NDX400 ou le Gemini CDJ-300.

Vous pouvez aussi jeter un œil aux contrôleurs autonomes (ne nécessitant pas d'avoir un ordinateur ni un logiciel), comme le Stanton SCS4DJ pour moins de 400€, ce qui reste une des solutions les plus intéressantes !

4/ Vaut-il mieux s'orienter vers du matériel DJ neuf ou plutôt d'occasion ?

Je vous recommande de prendre du neuf (bien sûr dans la limite de votre budget), car si vous prenez de l'occasion, votre équipement risque de ne pas tenir longtemps !

Etant donné qu'il s'agit de matériel d'entrée de gamme, il est par définition bien moins robuste que du matériel DJ plus haut de gamme (si on parle d'éléments hardware comme des tables de Mixage, des platines ou encore des casques, pour un logiciel ça ne changera rien !).

D'autre part, la garantie du fabricant et / ou du magasin ne sera probablement plus viable.

Et enfin, votre matériel aura été utilisé par un débutant qui n'aura peut-être pas pris autant de soin qu'un DJ expérimenté sur du matériel haut de gamme, et idem pour l'entretien...

Comment Choisir vos Platines CD DJ IDEALES Parmi les 6 Types de Modèles Existants

Vous allez découvrir les particularités des différents modèles de platines CD pour DJ, afin de faire le bon choix lors de votre achat.

1/ Les différents types de platines CD DJ :

Voici un aperçu des différents types de lecteurs CD qu'on peut trouver sur le marché :

– Les platines CD simples intègrent plusieurs fonctions de base comme la possibilité de créer des boucles de 1, 2 ou 4 temps (par exemples), le placement de repères (les points « CUE »), ou encore le contrôle de la vitesse de lecture (grâce au pitch).

On retrouve ces fonctionnalités sur tous les modèles de lecteurs CD pour DJ.

– Les double lecteurs CD ont les mêmes caractéristiques que les platines CD simples, la seule différence réside dans leur ergonomie : il y a un « bloc » commun pour accueillir les deux CD et un autre « bloc » pour les commandes (les boutons, les jog wheels, les pitches...).

Ces deux blocs sont reliés par des câbles spécifiques, et ils permettent d'être fixés à des racks (pratique pour le transport).

– Les double platines CD avec Mixer intégré présentent

généralement peu d'options avancées, et peuvent être en 2 ou 4 voies.

– Les platines CD DJ prévues pour scratcher grâce à des « jog wheels » plus larges et plus adaptées, ou carrément avec des plateaux qui ressemblent à des faux disques vinyle.

Ces modèles sont du haut de gamme et proposent des fonctionnalités avancées (convertisseur Analogique / numérique 24 bits, effet Reverse, liaison avec câble RJ 45... par exemples).

– Les platines combo vinyle + CD sont prévues pour faire tourner les deux types de support, mais peu de modèles existent.

Attention, certains d'entre eux ne sont pas prévus pour un usage DJ et ne comportent pas de pitch !

– Les platines CD et DVD prévues spécialement pour associer l'image au son.

Parmi ces différents types de platines CD DJ, on peut retrouver certaines options comme :

– La lecture des fichiers MP3.

– Le lecteur CD qui fait office de contrôleur USB.

– L'intégration d'un disque dur de plusieurs dizaine de Go.

– La possibilité de lire des clés USB.

– Une connexion USB pour relier la platine CD à un ordinateur.

– Une connexion RJ 45 pour relier des platines CD entre elles.

2/ Déterminez précisément votre besoin en terme de platines CD pour DJ :

Maintenant que vous connaissez les différents types de platines CD, vous devez expliciter l'usage que vous voulez en faire afin de faire le meilleur choix.

Par exemple, si vous comptez animer des mariages vous pouvez vous orienter vers un double lecteur CD incluant un Mixer, ce qui vous facilitera le transport de votre matériel.

Pour débuter en DJing ou simplement Mixer chez vous, une paire de platines CD simples pourra vous convenir.

Si vous êtes un DJ professionnel ou que vous comptez le devenir, vous devriez vous orienter vers des modèles de platines CD haut de gamme (chez Pioneer par exemple) afin de profiter d'un maximum d'options.

Enfin, si le scratch tient une place importance dans votre pratique, prenez des lecteurs CD adaptés.

Cependant, si vous comptez scratcher sérieusement regardez ce qui se fait en systèmes DVS (platines vinyles qui contrôlent un logiciel de Mix comme Traktor) : vous serez sans doute plus à l'aise avec ce genre de configuration DJ.

3/ Établissez votre budget et achetez vos platines CD DJ :

Vous savez à présent vers quoi vous orienter, il ne vous reste plus qu'à vous procurer vos platines CD DJ.

Évidemment, plus gros est votre budget et mieux c'est, mais vous pouvez très bien vous fixer un montant maximum pour vos achats.

Pour du matériel neuf, vous pouvez consulter les tarifs dans différents magasins physiques ou en ligne comme Sonovente, et pour le prix du matériel d'occasion : Audiofanzine.

Les platines vinyles

Avantages : approche tactile permettant un bon contrôle du disque, convivialité (ping-pong : jouer 2 tracks puis faire tourner les platines à son pote pour qu'il mix à son tour 2 tracks, ensuite il refait tourner...).

Inconvénients : acheter des disques ça revient cher au bout d'un moment, on peut les acheter par lots en occasion pour faire des économies, mais je préfère les acheter un par un pour me construire mon bac progressivement avec que des galettes que j'aurais choisies :-)

Technics est une marque reconnue pour la durée de vie de ses produits, c'est solide ça tient des années sans broncher !

Vestax innove par rapport à ses concurrents (boutons pitch bend, double pitch...).

Numark est un bon rapport qualité / prix.

Lors de l'achat de vos platines, je vous conseille d'investir directement dans du matos haut de gamme, en occase si nécessaire, mais au moins ça permet d'éviter de changer de platines au bout de 6 mois (genre si les platines ne sont pas à entraînement direct déjà vous oubliez !!!), l'échec ! :-/

Une paire de Technics MK2 d'occase c'est nickel, au pire vous pourrez toujours les revendre si vous devenez fou et que vous voulez arrêter le mix ;-)

Les critères les plus importants pour choisir ses platines sont la force du moteur (le couple) et la qualité des composants.

Le but c'est d'avoir un plateau qui tourne avec assez de force pour résister aux scratches / spin-backs et autres, et qu'il soit « stable », il doit tourner de façon homogène / fluide en toute circonstance.

Avant d'acheter vos platines, vérifiez donc que le stroboscope montre une rotation régulière du plateau : avec le pitch à 0, les bords du plateau éclairés par le stroboscope doivent paraître « fixes », immuables.

La référence étant Technics, d'autres marques proposent des platines avec des moteurs plus costaux (exemple : Numark avec les TTX), ça peut être mieux pour les scratcheurs violents, ou moins bien pour la précision quand on doit accélérer / freiner le plateau…

A tester donc pour se faire une idée.

Les options « secondaires » (pitch jusqu'à 50%, plateau tournant en reverse, pitch lock, pitch bend…) peuvent être utiles dans certains cas particuliers.

Je conseille de ne pas s'y habituer car quand on mix sur d'autres platines qui n'ont pas ces options, on se retrouve en galère !

Généralement, un pitch classique qui va de -8% à +8% suffit pour mixer dans 95% des cas, sinon c'est que vous n'avez pas choisi le bon disque à enchaîner.

Plus le pitch est « puissant » (par exemple un pitch qui va jusqu'à 20 ou 50% c'est « puissant ») et plus il faudra être précis lorsqu'on le manipule, c'est souvent une cause de galère pour caler le tempo !

Le plus simple pour apprendre à caler est d'utiliser le pitch à 8% qui permet donc d'être plus approximatif ;-)

Choisir un bras droit ou en « S » ?

Ça change à peu près rien (surtout pour le mix), avec un bras droit la petite lumière de la platine qui éclaire le sillon n'éclaire plus le bout de la cellule :-/ c'est dommage car cette loupiotte est appréciable quand on mix dans un endroit peu éclairé !

Le support (table, fly case, planche en bois...) sur lequel reposent les platines doit être bien stable, sinon une cellule peut sauter suite à un mouvement brusque (un spin-back ou un scratch violent, un gugus qui s'appuie sur la table... le truc con qui fout la rage !).

Si la table est faite de 2 traiteaux et une planche en bois (ça arrive souvent en teuf !), ne pas hésiter à alourdir cette table, par exemple en rajoutant des fly-cases sous les platines ;-)

Les composants des platines vinyles

Cellule : sur platine vinyle, c'est ce qui permet de changer le signal physique, la vibration, fourni par le diamant (au contact du sillon) en signal électronique.

C'est l'équivalent de la tête de lecture sur un lecteur CD.

Bras : le « tube » qui relie la cellule de lecture à la platine.

Sa forme peut être droite ou en « S ».

Il peut être équipé d'un lève bras, inutile en mix !

Plateau : le support relié au moteur de la platine et qui soutient le vinyl, qui le fait tourner.

Feutrine (« slipmat » en anglais) : la « feuille » de tissu posée sur le plateau et sous le disque.

Elle permet au disque de pouvoir glisser sur le plateau sans influencer la vitesse de rotation de ce dernier.

Indispensable pour scratcher (!) et pour mixer : pour arrêter le disque avec la main pendant que le plateau continue de tourner, pour « rembobiner » le disque ou l'accélérer…

Pitch : potentiomètre rectiligne qui permet d'augmenter ou de diminuer la vitesse de rotation du plateau, et donc d'agir sur le tempo du disque joué.

Il peut aller de -8 à +8%, de -12 à +12%… suivant le modèle de platine.

N'Achetez PAS vos Platines Vinyles d'Occasion Sans Vérifier ces Eléments CRUCIAUX !

Vous allez découvrir une liste de points à tester avant d'acheter des platines vinyles d'occasion, ainsi que des ressources pour dénicher votre matériel idéal...

1/ Dans quels cas acheter des platines vinyles d'occasion :

Vous pouvez être amené à rechercher des platines vinyles d'occasion si :

– Votre budget est trop serré pour acheter l'équivalent en neuf.

– Vous souhaitez acquérir du matériel de marque supérieure pour le même prix.

– Vous tombez sur une belle opportunité à saisir immédiatement.

– Vous voulez vous monter une configuration DJ avec un système DVS, sachant que dans votre investissement il faut aussi prendre en compte l'achat du logiciel de Mix (Traktor, Virtual DJ, Serato...), du boîtier spécial et des vinyles « Time-codés » (et éventuellement d'une table de Mixage si vous n'en avez pas).

– Vous débutez en DJing et vous ne voulez pas investir une somme astronomique dans votre matériel DJ dès le début.

– Vous voulez compléter votre configuration DJ numérique (par exemple en plus de vos platines CD).

– Vous voulez vous mettre au scratch (le support vinyle est celui qui s'y prête le mieux !).

2/ Les éléments à tester sur vos futures platines vinyles d'occasion

En premier lieu, choisissez une marque de platines qui se prête bien à l'achat d'occasion.

C'est-à-dire une marque reconnue pour sa fiabilité et sa solidité dans la durée, comme Technics par exemple qui a fait ses preuves depuis des années.

Bien sûr, ça dépend de votre budget, mais le soucis c'est que si vous prenez une marque bas de gamme (Kool Sound ou BST par exemples), vous multipliez les chances d'avoir un ou plusieurs composants défectueux car déjà usés par le vendeur :-/

Les pièces sont-elles remplaçables facilement si besoin ?

Avant de rencontrer le vendeur, prévenez-le clairement que vous allez procéder à un un test exhaustif de chaque platine vinyle avant de l'acheter éventuellement.

Pour cela, prévoyez de ramener votre propre table de Mix (avec les câbles nécessaires), votre casque et un ou deux disques vinyles que vous connaissez par cœur .

Dites au vendeur de prévoir un système d'écoute (chaîne hi-fi, enceinte amplifiée...).

Enfin, demandez au vendeur quand est-ce qu'il a acquis ses platines vinyles, est-ce qu'il les a sorti de chez lui pour s'en servir en soirées, en teufs... et pourquoi il les vend.

Cela vous aidera à déduire l'état des bébés avant de les tester ;-)

Voici un tour d'horizon des différentes fonctionnalités pouvant être présentes sur des platines vinyles :

– La stabilité et la régularité du moteur lorsqu'il tourne : utilisez le stroboscope prévu à cet effet.

Pour cela, faites tourner le plateau en 33 tours / minute avec le pitch à 0% : l'un des motifs situés sur le bord du plateau doit rester parfaitement immobile, stable, pendant au moins 10 secondes d'affilé quand vous le regardez éclairé par le stroboscope.

– La feutrine : est-elle fournie (c'est le cas sur la plupart des platines neuves) ?

Testez-la en « baby-scratchant » un disque pour voir si elle ne génère pas de bruit, sinon prévoyez de la changer.

– Le bouton d'alimentation de la platine : le premier élément à tester (!).

– La ou les touches Start / Stop pour démarrer et arrêter le plateau : est-ce instantané ?

– Les boutons qui permettent de basculer en 33, 45 et éventuellement 78 tours par minute (si disponible sur la platine).

– Le bon fonctionnement de la lumière qui éclaire le sillon au bout du diamant.

– Les potards d'ajustement de la vitesse de démarrage et de freinage du plateau (si cette option est disponible).

– Les bouton « Reverse » et « Master Tempo » (aussi appelé « Key Lock ») s'ils sont présents : passez un titre bien mélodique (avec des violons, des pianos...) pour vous faciliter la tâche (pour voir si la tonalité change ou pas quand vous modifiez le tempo).

– Le fader de pitch : testez bien sa réaction lorsqu'il est proche du 0%, surtout si le 0% est « cranté » (vous entendez un « clic » si c'est le cas).

– Le bouton qui permet de changer les différentes échelles de pitch (aussi appelées « pitch ranges ») : +/-8%, +/-12%, +/-50% par exemples.

Jouez avec le fader du pitch pour chaque échelle.

– Les cellules de lecture et les diamants : sont-ils fournis ?

Si oui, vous aurez beaucoup de mal à tester leur usure. Sinon, vous devrez prévoir d'en acheter...

– L'état du bras de lecture et au niveau de sa base avec l'anti-skating : pas de soucis pour réajuster la hauteur du bras par exemple (si c'est possible sur le modèle de la platine) ?

– La connexion USB si le modèle inclue cette fonctionnalité : à tester avec un ordinateur portable par exemple (à prévoir en avance).

– L'état des câbles d'alimentation : ne sont-ils pas abîmés sur l'une ou l'autre de leurs extrémités ?

– L'état des câbles RCA : les connectiques ne sont-elles pas tordues par exemple ?

– Les capots de protection des platines sont-ils fournis ?

– La platine est-elle fournie avec la boîte d'origine et le mode d'emploi ?

3/ Quelques ressources pour trouver vos platines vinyles d'occasion :

Vous pouvez rechercher vos platines vinyles d'occasion sur des sites de petites annonces comme Leboncoin.fr , EBay, Amazon et les autres sites du même genre.

Vous pouvez aussi trouver des petites annonces chez des disquaires ou dans des magasins de sono.

Enfin, pour connaître les prix pour le matériel d'occasion : Audiofanzine.

Régler son contre-poids

Le contre-poids permet de compenser le poids de la cellule afin de ne pas écraser le diamant sur le vinyl !

Placez le bras muni de la cellule au dessus du plateau (mettez la protection du diamant au cas où...) sans le poser, et déplacez le contrepoids de manière à ce que le bras reste en équilibre horizontalement.

Cette opération doit se faire alors que le dispositif d'antiskating est en position « zéro ».

Une fois l'équilibre obtenu, re-serrez le contrepoids et appliquez une force d'appui en utilisant la bague graduée à cet effet (c'est-à-dire que le contre-poids se rapproche de la cellule).

Le but est que le diamant touche le sillon pour transmettre la vibration à la cellule, mais sans mettre trop d'appui pour ne pas trop user le diamant ou trop creuser le sillon !

Effectuez plusieurs tests avec différentes forces d'appui sur le diamant.

Essayez des wool-ups / spin-backs (quand vous « rembobinez » le disque rapidement) pour voir si la cellule ne saute pas du sillon : si c'est le cas, c'est qu'il faut rajouter un peu de poids sur le diamant et re-tester.

La force d'appui idéale est donnée par le constructeur de la cellule.

(Parfois une fourchette de valeurs est donnée vous proposant de trouver la meilleure force d'appui à l'écoute).

Si vous voulez scratcher, vous devrez sûrement prévoir plus de force sur le diamant que si vous souhaitez juste mixer.

Sur certaines cellules, on peut rajouter un poids directement sur la coquille de la cellule, par exemple 2 grammes : pratique pour le scratch intensif !

Attention : si vous êtes amené à transporter vos platines, vérifiez que le contre-poids reste bien ajusté, il se peut qu'il se soit déserré pendant le transport ! ;-)

Choisissez les Feutrines Vinyles qui VOUS Conviennent Parfaitement !

Si vous Mixez ou que vous scratchez sur platines vinyles (avec ou sans système DVS), vous avez besoin de feutrines.

Dans les lignes qui suivent, vous allez découvrir comment faire le bon choix parmi les différents modèles du marché...

1/ Les feutrines vinyles, pour qui ?

Les feutrines sont indispensables pour les utilisateurs de platines vinyles autres que des audiophiles, c'est-à-dire les DJs et les scratcheurs qui doivent pouvoir manier les disques en sens normal comme en sens inverse.

Les audiophiles n'utilisent pas de feutrines car ils ne veulent pas que le disque glisse mieux, au contraire : ils utilisent un couvre-plateau souvent en caoutchouc qui fait adhérer le disque vinyle au plateau.

Certains modèles de platines CD haut de gamme peuvent aussi être équipés de feutrines (qui sont de taille différente).

2/ Les distinctions entre les différents modèles de feutrines vinyles :

La différence principale entre deux modèles de feutrines vinyles se trouve dans leur visuel.

Certaines sont vierges (sans design), il parait que ça permet au disque de mieux glisser (à tester en scratch surtout).

Mais si différence il y a, elle ne doit pas être énorme.

J'ai eu des feutrines Technics d'origine livrées avec les platines SL1200 mk5, ainsi que des Stanton : rien à dire, elles sont niquel pour le Mix ou le Scratch (pas de frottement audible).

Les feutrines peuvent être disponibles en 2 et 5 mm d'épaisseur : à priori ça ne change rien au Mix...

3/ Où acheter vos feutrines vinyles :

Voici quelques sites pour dénicher vos feutrines idéales :

Slikmats.com : un spécialiste des feutrines vinyles, vous pouvez envoyer votre propre design, ou leur demander d'en customiser un pour vous.

Slipmatsonline.com : idem, beaucoup de choix.

Glowtronics-store.com : un fabricant de feutrines vinyles (et aussi pour lecteurs CD) avec des designs originaux.

Decks.de : pas mal de choix.

Templeofdeejays.com : d'autres feutrines.

Woodbrass.com : encore d’autres modèles.

Mafeutrine.fr : pour créer vos feutrines au design personnalisé.

Platines vinyles : modes « mix » et « battle »

Nous allons voir les avantages et inconvénients des différentes manières de positioner ses platines vinyles pour mixer ou scratcher.

1/Le mode « mix » :

Les deux platines sont placées « normalement » en face de vous, de part et d'autre de la table de mixage, avec leur bras à droite et leur bouton Start / Stop à gauche.

Cette configuration classique est plus souvent utilisée pour du mix « traditionnel », car elle permet de voir plus facilement le sillon qui est sous le diamant, et donc de pouvoir anticiper les passages du morceau (breaks, présence de la basse ou non, outro...).

Le pitch est facilement accessible (toujours à portée de main), on peut le manier sans gêne ce qui est indispensable en mix !

La partie de gauche du disque vinyl reste maniable pour caler les boucles (baby scratch, recalage tempo...).

On peut freiner le plateau avec la main sur la gauche de la platine : il faut juste faire attention de ne pas éteindre la platine si on mixe sur des Technics SL 1200 mk2 (sans protection sur le bouton OFF) !   :)

2/ Le mode « battle » :

Les platines sont placées de telle sorte à avoir le bouton Start / Stop à droite, et le bras de l'autre côté du plateau par rapport à vous.

Vous avez sûrement déjà vu ce positionnement chez des scratcheurs, par exemple lors de concours DMC...

Cette position des platines vinyles permet d'avoir plus d'espace et d'amplitude pour scratcher (à gauche et en bas du disque).

Le pitch est difficilement manipulable à cause du bras de lecture et de sa distance avec le DJ.

On peut se servir de cette configuration pour mixer si on manque de place en largeur au niveau de la table (support) pour placer les platines en mode « mix » habituel .

3/ Le mode mixte :

Cette configuration est plus rare que les deux précédentes : une platine est placée normalement, et l'autre en mode « battle ».

On peut l'utiliser si on est « juste » au niveau du support (pas suffisamment large pour mettre les platines en mode « mix »).

Préparez votre Matériel DJ MÉTICULEUSEMENT pour le Scratch : les 10 Points Importants à Checker !

Le Scratch, comme le Mix, ne s'improvise pas.

Quelque soit votre matériel DJ, vous devez vous préparer un minimum avant de vous lancer dans une session digne de ce nom.

Voici quelques points à vérifier :

1/ Le Scratch sur platines vinyles :

– Vous pouvez disposer vos platines vinyles en mode « battle » (c'est-à-dire avec le pitch non pas sur votre droite mais éloigné en face de vous, et cela pour les deux platines), ou avec la configuration en « L » (disposition mixte).

– Vérifiez que la cellule ne risque pas de sauter du sillon pendant vos manœuvres.

Si nécessaire : réajustez le contre-poids du bras de la platine afin d'être sûr que vous « pouvez y aller » sans que ça ne saute (placez-le en sens inverse si ce n'est pas suffisant).

Vous pouvez aussi remonter le bras (si votre platine le permet), afin que la cellule soit plus « plongeante » vers le sillon.

Si tout cela ne suffit pas, vous pouvez ajouter du poids sur le dessus de la cellule avec une petite « pièce » fixée sur le porte-cellule, si celui-ci est prévu pour (en dernier recours car cela va accélérer l'usure de vos vinyles et de votre diamant !).

Ajustez l'anti-skating à 0, car vous allez « lire » le vinyle dans les deux sens.

N'utilisez pas de disque voilé, il ne s'agit pas de faire du toboggan avec votre cellule !

– Sortez les disques dont vous allez vous servir de votre bac, et gardez-les à portée de main.

Éventuellement, vous pouvez les sortir de leur pochette si vous pensez que vous aurez besoin de les enchaîner très rapidement, mais attention de ne pas les abîmer inutilement !

– Utilisez des bouts de scotch à coller sur votre vinyle (directement sur le sillon ou sur le macaron) pour vous en servir comme repères.

– Resserrez le trou central de vos vinyles (avec du scotch épais par exemple), ou élargissez-les si nécessaire, pour que vos disques soient nickel à scratcher.

– Créez des « sous-feutrines » en utilisant des pochettes plastiques de classeur (ou du papier) afin que les disques glissent encore mieux.

Attention à ce que cette astuce ne génère pas de bruit parasite capté par votre cellule.

2/ Le Scratch sur systèmes DVS, lecteurs CD et contrôleurs USB :

Si vous scratchez des MP3 avec des disques vinyles « Time codés » et le logiciel correspondant (Traktor, Serato...), les remarques précédentes sont bien sûr valables.

– Placez précisément et sauvegardez vos points CUE pour chaque track ou sample, afin de pouvoir les lancer (et passer de l'un à l'autre) en une fraction de seconde.

– Si vous Scratchez sur lecteurs CD, vous pouvez utiliser des feutrines (comme sur des platines vinyles) pour que ça glisse mieux.

3/ Préparez votre table de Mixage (ou votre contrôleur USB) :

– Réglez la courbe des faders, du cross-fader, et éventuellement le mode « normal » ou inversé (aussi appelé « mode Hamster ») en fonction de votre façon de scratcher.

– Réglez les potards des basses, des médiums et des aigus des deux voies afin que vos scratches ne prennent pas le dessus sur le beat ou l'instru qui tourne (si vous en avez une en lecture).

Comment Rendre vos Platines Vinyle INSENSIBLES aux Vibrations

Vous allez découvrir comment gagner en confort et en qualité sonore si vous Mixez sur platines vinyle, surtout quand vous jouez en public...

1/ Pourquoi vos platines vinyle craignent-elles les vibrations ?

La cellule située au bout du bras de la platine vinyle traduit le signal physique du diamant en signal électronique, comme un convertisseur en quelque sorte.

Le diamant, lorsqu'il est au contact du sillon sur le disque vinyle, capte les variations de forme de celui-ci, ce qui se traduit par une vibration précise et continue : le son.

Si une vibration externe vient perturber et parasiter la « bonne » vibration provoquée par la forme du sillon, le son généré par la cellule se déforme et peut devenir inexploitable.

2/ D'où les vibrations nuisibles proviennent-elles pour gêner le fonctionnement de vos platines vinyle ?

Dans la majorité des cas, les vibrations nuisibles pour le bon fonctionnement des platines vinyle proviennent d'un son indépendant du disque vinyle dont le volume est trop fort (notamment dans les basses fréquences).

Ce son parasite c'est ce qu'on appelle le larsen, et il provient soit des enceintes de retour, soit des enceintes de façade (celles utilisées pour le dancefloor), soit des deux.

Voici ce qui se passe : la cellule génère du son (la musique du disque vinyle) qui est écouté sur des enceintes, et si ces enceintes sont mal placées par rapport à la platine vinyle, la cellule capte aussi les vibrations des enceintes.

Du coup, cela créé une « boucle » qui amplifie le son sans cesse : la cellule capte le signal qu'elle génère, donc son signal s'amplifie, donc elle capte un signal encore plus parasité...

Typiquement, on peut avoir du « larsen de basse » pendant qu'on Mixe : vous distinguez de moins en moins la « frappe » du kick par exemple, et le mélange continu des sons de basses fréquences créé une sorte de « magma » prolongé.

Si cela vous arrive en pleine session, vous pouvez interrompre (provisoirement) le larsen en coupant sèchement et en remettant rapidement les basses sur la table de Mix.

Soit vous faites un « cut sec » au fader ou avec le cross-fader, soit avec le potard de basses de la voie concernée.

Outre le problème de larsen, vous pouvez avoir d'autres sources de vibrations qui viennent vous pourrir votre set.

Par exemple : un mec (bourré ?) qui vient s'appuyer sur la table qui supporte les platines vinyles.

Cela peut faire sauter la cellule, tout comme quelqu'un qui pause sa bière (ou n'importe quoi d'autre) sur cette même table support.

Restez attentifs aux gens qui vous entourent pendant votre session ! ;-)

3/ 3 solutions pour limiter les vibrations sur vos platines vinyle :

– Utilisez le « Freefloat » (ou un équivalent) : c'est un coussin d'air à placer sous les pieds de vos platines vinyle et qui vont amortir les vibrations externes.

– Créez vous-même votre système anti-vibrations : découpez deux balles de tennis sur leur moitié, et placez une moitié de balle sous chaque pied de la platine.

Le caoutchouc présent dans la balle va atténuer les vibrations ^^

Ce n'est pas parfait, mais ça ne coûte pas cher ;-)

– Déplacez le matériel DJing : reculez les platines vinyle de l'enceinte de retour et / ou de la façade.

Sinon, faites l'inverse : éloignez l'enceinte de retour des platines de 50 cm, puis de 1 mètre si ce n'est pas suffisant.

Où acheter ses disques vinyles ?

Voici les différentes façons de s'approvisionner en disques.

1/ Chez le disquaire traditionnel :

La bonne vieille méthode, celle que je trouve la plus « chaleureuse », conviviale.

Il faut bien repérer les disquaires suivant leurs spécialités en styles de musique : plutôt Hardtek / Hardcore, plutôt Reggae, plutôt Trance / Goa... ?

L'avantage de se rendre chez les disquaires « physiques » c'est de pouvoir demander des conseils pour s'y retrouver rapidement parmi tout le choix proposé.

C'est bien quand on débute et qu'on ne connaît pas forcément les bons labels et artistes !

L'autre avantage c'est de pouvoir écouter les morceaux en entier et avec la qualité « réelle », c'est à dire qu'on connaît exactement le rendu final du son (contrairement au mp3 par exemple).

Les inconvénients sont qu'il faut se déplacer en boutique aux heures d'ouverture, qu'on peut tomber sur des disques en mauvais état (un peu gondolés, rayés...), et que c'est pas forcément évident de trouver un disquaire proche de chez soi qui propose certains styles musicaux, notamment « underground » (je pense par exemple aux sons de teuf comme la Hardtek ou du Tribecore...).

2/ Les disquaires en ligne :

Avantages : pouvoir choisir ses disques à n'importe quelle heure, n'importe quel jour, n'importe où dans le monde (!).

Ça peut permettre de bien prendre le temps nécessaire avant d'acheter.

L'intérêt d'acheter en ligne c'est aussi d'être sûr que les disques seront tout neufs, car pas essayés en disquaire, donc pas de rayure !

Inconvénients : les frais de port de livraison à rajouter.

Evitez donc de faire une commande pour 1 ou 2 disques car ça revient cher la galette !

Vous pouvez par exemple faire des commandes groupées avec vos potes pour réduire les frais de livraison ;-)

L'autre désavantage de prendre ses disques sur un site c'est qu'on écoute les tracks en mp3 « streamés », donc niveau qualité on est très loin du rendu qu'on aura sur vinyl !

La différence peut être une bonne ou une mauvaise surprise :-/

Certains sites proposent d'écouter les morceaux en entier, d'autres seulement un extrait d'une minute…

Dans ce cas, si vous voulez mieux connaître le morceau, vous pouvez essayer de retrouver le profil Soundcloud (ou autre site) de l'artiste et voir s'il a posté la track en question : là vous pourrez avoir un aperçu complet ;-)

3/ Les vide greniers / brocantes :

Là on est dans un autre fonctionnement, dont je suis moins fan.

L'avantage c'est de pouvoir trouver des disques qui ne sont plus en disquaire depuis des années.

Vous pouvez tomber sur des perles !

Et comme le but du vendeur c'est de s'en débarrasser, le prix unitaire d'une galette devient ridicule, surtout si vous lui en achetez plusieurs d'un coup !

L'inconvénient c'est de ne pas pouvoir écouter avant d'acheter, et de risquer d'avoir des disques rayés / voilés, donc pensez à bien checker l'état de chaque disque avant d'acheter !

L'astuce pour les accros aux brocantes c'est d'utiliser une platine portable, comme la Vestax Handy Trax.

4/ Le bac d'un DJ :

Ca regroupe les avantages et inconvénients des disquaires traditionnels et des brocantes : le DJ qui veut vendre des disques qu'il a mixé pendant des années pourra très bien vous orienter dans votre choix.

Logiquement il aura pris soin de ses disques, mais à vérifier quand même !

Eventuellement, demandez lui de vous prêter son bac pendant 1 semaine pour que vous puissiez prendre le temps de bien écouter chaque morceau, et de mettre de côté ceux qui vous intéressent (un vendeur m'a proposé cette façon de faire il y a quelques années).

2+1 Techniques pour DÉVOILER vos Vinyls (et Comment les Protéger INTELLIGEMMENT) :

Si vous Mixez sur vinyls, vous avez peut-être déjà eu le cas de disques qui sont gondolés, ce qui devient gênant pour les utiliser (surtout pour les baby-scratcher sans faire sauter la cellule !) !

Vous vous êtes retrouvé dans cette situation soit par manque de soin de votre part, soit parce que vous avez acheté des disques vinyles d'occasion déjà dans cet état...

Voici comment (tenter de) résoudre ce problème, et faire en sorte que cela ne vous arrive plus par la suite :

1/ Comment se voilent les vinyls :

Les vinyls se voilent lorsqu'ils sont posés horizontalement avec du poids dessus, par exemple quand ils sont empilés les uns sur les autres.

L'autre facteur qui joue énormément c'est l'exposition à la chaleur comme celle d'un radiateur, ou encore lorsqu'ils sont laissés dans une voiture exposée au soleil...

La chaleur risque de « remodeler » légèrement leur forme plate initiale, et lorsque cette chaleur a disparu, la nouvelle forme courbée reste figée.

2/ Comment dévoiler vos vinyls gratuitement ou pas :

Voici une technique que je n'ai pas testée mais qui a l'air de fonctionner pour « dégondoler » vos vinyles.

L'idée c'est d'utiliser de la chaleur à bon escient pour « reformer » le disque, c'est-à-dire l'aplatir.

- Posez votre vinyle horizontalement dans un récipient assez grand et bien propre.

- Ajoutez de l'eau très chaude de manière à immerger le vinyle dedans.

- Maintenez le vinyle dans l'eau en posant par exemple un plat à tarte dessus ou encore un plateau de platine vinyle à l'envers (la zone de contact doit être répartie de manière la plus homogène possible sur toute la surface du disque), ainsi que du poids.

- Attendez au moins 2H (l'eau doit avoir refroidi) et regardez si votre disque va mieux (je ne garantie pas l'efficacité de la technique, mais ça vaut le coup d'essayer).

Une alternative à cette technique consiste à chauffer votre disque avec un sèche-cheveux, puis à le coincer horizontalement entre des objets plats et lourds comme des encyclopédies...

Et si vous avez du gros budget (supérieur à 1300€), vous pouvez vous offrir une machine à aplatir les disques, comme la ORB DF-01i, qui utilise le même principe d'utiliser la chaleur...

3/ Prenez soin de vos vinyls !

Vous devez tout faire pour protéger vos disques, surtout s'ils sont rares ou si vous les avez fais presser à l'unité.

Mieux vaut prévenir que guérir, donc anticipez et respectez vos bébés (essayez de les utiliser avec des mains propres) !

Rangez vos vinyls systématiquement à la verticale, dans leur pochette cartonnée propre (vous pouvez souffler dedans pour virer la poussière éventuelle de temps en temps).

Rajoutez une pochette plastique en plus de la pochette cartonnée de base.

Ceci n'est pas du luxe, surtout si vous amenez vos disques en soirée pour Mixer en public : vous n'êtes jamais à l'abris d'une bière qui se renverse sur votre bac...

La loose !

Vous pouvez d'ailleurs placer votre bac de disques sous une table pour éviter des dégâts, que vous soyez en train de Mixer ou pas.

Bien sûr, ne posez jamais vos vinyls prêt d'une source de chaleur, c'est clairement ce qu'il y a de plus dangereux pour eux ! ;-)

Comment Choisir votre Casque DJ IDÉAL : les 9 Facteurs pour une Sélection Optimale

Votre casque est un élément très important dans votre configuration DJ, mais les critères de sélection ne sont pas tout-à-fait les mêmes que pour un casque d'écoute classique !

Voici comment vous assurer que vous faites le bon choix :

1/ Prenez un casque DJ confortable :

Si possible, prenez un modèle de casque avec les oreillettes qui se retournent sur elles-mêmes, ou avec une articulation qui permet de décaler l'oreillette de l'oreille sans déplacer l'arceau sur le haut de la tête.

L'idée c'est de pouvoir garder le casque en permanence sur la tête en écoutant les enceintes de retour d'une oreille, et le son du casque de l'autre.

Le poids du casque est un élément important, car vous allez devoir le porter pendant plusieurs heures d'affilé : j'apprécie le Sennheiser HD200 car il est particulièrement léger, on a l'impression de ne rien porter du tout ^^

Vérifiez aussi que votre casque ne gêne pas quand vous bougez la tête lorsqu'il est porté autours du cou (c'est-à-dire la plupart du temps pour beaucoup de DJs).

Cela peut être le cas surtout s'il a des grosses oreillettes.

Pour les différents types d'oreillettes : à vous de voir si vous préférez les grosses oreillettes qui entourent complètement l'oreille et s'appuient sur le crâne (type « circum-aural »), ou celles de taille moyenne qui s'appuient sur le lobe de l'oreille (type « supra-aural »).

La longueur du câble est à vérifier aussi : s'il est trop long, il peut être gênant car vous risquez de marcher dessus (dans ce cas vous pouvez faire un noeud pour le raccourcir).

S'il est trop court, il ne vous permet pas de vous éloigner suffisamment de la table de Mix pour aller chercher des disques par exemple (3 mètres est une longueur suffisante).

Vous pouvez aussi opter pour un modèle avec le câble enroulé « en ressort » : sans doute le meilleur compromis !

Dans tous les cas, prenez un casque dont le câble n'est connecté qu'à une seule oreillette (beaucoup plus facile à mettre et à enlever) !

2/ Choisissez un casque de bonne qualité :

C'est important de prendre de la qualité (surtout si vous jouez en public), car votre casque devra résister aux renversages de bières, aux chutes et autres maltraitances diverses et variées (fumée, sueur, torsions...).

Choisissez donc une marque reconnue pour son sérieux (Sennheiser, Technics, AKG...), et si possible avec les pièces changeables : câble jack, mousse des oreillettes...

Préférez le métal plutôt que le plastique pour sa composition, et avec le câble jack en plaqué or.

Pour ce qui est de la qualité du son : sa réponse en fréquences doit être de 20Hz à 20Khz minimum, le rendu doit être propre et « punchy » dans les graves / médiums / aigus, et l'ensemble du son délivré doit être clair pour repérer facilement les instruments qui permettent de caler le tempo en environnement bruyant !

Votre casque doit être de type « fermé » pour avoir une isolation maximale du bruit extérieur.

Enfin, l'un des critères les plus importants est son volume (ou pression sonore, aussi appelée « pression SPL » sur les fiches techniques) qu'il peut délivrer.

Il doit être assez élevé pour pouvoir entendre suffisamment bien dans un environnement bruyant, surtout si votre table de Mix ou votre contrôleur USB a un faible volume de sortie pour le casque !

Prenez du 105 dB minimum ;-)

3/ Achetez votre casque DJ dans les meilleures conditions :

Votre budget pour votre casque DJ sera le premier critère de sélection, ainsi que le fait d'acheter neuf (je vous le recommande) ou d'occasion (vous ne savez pas s'il a été maltraité ou pas).

Dans tous les cas, essayez avant d'acheter et regardez les avis des internautes sur des sites comme Audiofanzine !

Casque DJ : Si vous ne Checkez pas ces 6 Aspects ESSENTIELS, vous Risquez de Faire le Mauvais Choix :

On trouve sur le marché toute une panoplie de casques DJ plus ou moins performants, confortables et solides, et dans toutes gammes de prix.

Il devient de plus en plus difficile de s'y retrouver pour faire le bon choix, surtout si on ne connait pas les critères de sélection essentiels...

Voici les bonnes questions à vous poser avant d'investir dans un casque DJ, en suivant ces 6 critères décisifs :

1/ Sa capacité à écouter d'une seule oreille :

> Est-ce qu'il tient bien en place sur ta tête lorsque vous écoutez d'une seule oreille, par exemple avec des oreillettes pivotantes ou articulées, ou de par sa souplesse ?

2/ Sa solidité :

> Résiste-t-il aux chocs et aux maltraitances non désirées (chutes au sol, fumée, compactage dans un sac, humidité...) ?

> A t-il une structure métallique (à privilégier) ou en plastique (moins solide) ?

> A t-il des pièces remplaçables comme les oreillettes ou le câble audio ?

3/ Sa qualité d'écoute :

> A t-il une réponse en fréquence suffisante (20Hz -> 20kHz minimum) ?

> A t-il une clarté de son qui vous permette de distinguer facilement les kicks des snares ou des hit-hats ?

> A t-il une pression sonore (volume de sortie) suffisamment élevée sans bruit de fond ?

4/ Sa capacité à isoler le bruit environnant :

> Est-il de type « fermé » (à privilégier !) ou « ouvert » (déconseillé pour le DJing) ?

> Son isolation est-elle vraiment efficace ? C'est primordial pour Mixer en public !

5/ Son confort d'utilisation :

> Est-ce qu'il ne fait pas mal lorsqu'il est porté sur les oreilles

pendant un certain temps ?

> A t-il un câble spiralé pour éviter de marcher dessus s'il est trop long (une longueur de 1,5 mètre est suffisante) ?

> Son câble audio est-il connecté à une seule oreillette pour pouvoir le mettre et l'enlever rapidement sans gêne ?

> A t-il des oreillettes dont le diamètre n'est pas trop grand pour ne pas être gêné lorsque vous le portez autours du coup ?

> Est-il léger ?

6/ Sa facilité à être transporté sans s'abîmer :

> Est-il repliable sur lui-même pour prendre moins de place ?

> Est-il fourni avec un boitier ou une housse de transport pour lui éviter de prendre l'humidité, des coups ou de la poussière ?

Une alternative aux casques traditionnels qui peut vous intéresser consiste à utiliser des écouteurs intra-auriculaires car ils sont légers et pratiques à transporter.

Dans tous les cas, lisez des tests sur les modèles qui vous intéressent, et essayez-les avant d'acheter : chaque DJ a ses propres préférences ! ;-)

Enceintes de Studio : les 3 (+1) Paramètres DÉCISIFS pour ne PAS Vous PLANTER :

Pour pratiquer l'art du Mix, vous avez besoin d'enceintes adaptées à votre environnement.

Pour des fêtes allant de 50 à plusieurs centaines de personnes, vous devez profiter d'enceintes de retour, dont la puissance est proportionnelle aux enceintes de façade, c'est-à-dire de plusieurs centaines de Watts RMS.

Si c'est pour Mixer dans votre appartement, vous devez vous équiper avec du matériel mieux adapté, souvent avec des enceintes de studio.

Voici comment les choisir correctement :

1/ Votre budget disponible :

C'est bien sûr le critère le plus déterminant, comme pour tout achat !

Plus votre budget sera gros, et plus vous pourrez vous offrir du matériel de qualité, et élargir le champ des possibilités.

Pour moins de 100€, vous pouvez dénicher une paire d'enceintes de studio d'entrée de gamme neuves, mais leur qualité et leur durée de vie ne sont pas garanties.

Pour moins de 200€ et toujours en neuf, vous pouvez déjà avoir du matériel un peu plus correct, sans doute suffisant pour votre besoin.

Si possible, je vous conseille d'acheter du neuf, afin de pouvoir garder vos enceintes en état de marche le plus longtemps possible, et au pire pour pouvoir les revendre plus facilement si besoin.

2/ La marque spécialisée en enceintes de studio :

Dans la mesure du possible, choisissez une marque reconnue pour son sérieux dans le domaine de la construction d'enceintes de studio.

Une marque peut très bien faire du bon matériel dans un domaine (par exemple des tables de Mixage) et se trouver décevante dans un autre domaine lié à la sono ou à la musique.

Yamaha, Prodipe ou encore Fostex ont plutôt une bonne réputation quant à leur qualité de rendu et leur solidité.

3/ Le type d'enceintes à privilégier :

Je vous conseille de prendre des enceintes de studio actives, c'est-à-dire intégrant un amplificateur.

Cela vous évite d'avoir à gérer un ampli externe, et vous facilite le câblage.

Vous pouvez prendre un modèle qui puisse tenir sur trépied afin d'avoir vos enceintes à hauteur d'oreille.

Ne recherchez pas forcément des enceintes de monitoring haut de gamme : elles sont spécifiquement prévues pour la production musicale, quand les compositeurs ont besoin d'obtenir un rendu particulièrement précis et fiable.

Pour Mixer des morceaux, vous n'avez pas besoin d'une telle finesse ;-)

Ne prenez pas d'enceinte de sono, leur puissance étant trop élevée pour vous en servir chez vous (sauf si vous voulez vous embrouiller avec vos voisins !).

Elles sont encombrantes et plus chères que des enceintes de studio.

Enfin, si vous disposez d'une chaîne Hi-Fi et que vous ne souhaitez pas forcément investir dans des nouvelles enceintes, vous pouvez très bien vous en servir pour Mixer.

4/ La puissance sonore et la réponse en fréquences :

Encore une fois, vous n'avez pas besoin d'avoir des enceintes trop puissantes, sauf si vous habitez dans un château !

Si vous avez du 2 x 50 Watts RMS, logiquement c'est suffisant.

Sinon, vérifiez qu'elles soient bien placées à hauteur d'oreille à une distance de 50 cm environ, et qu'il n'y ait pas trop de réverbération.

Pour ce qui est de la réponse en fréquences, même chose : vous n'avez pas du tout besoin de chercher du haut de gamme !

Si ça va de 60 Hz à 20 KHz, c'est suffisant.

N'oubliez pas que plus les boomers sont larges, plus les basses sont bien rendues (c'est-à-dire que ça descend davantage dans le spectre) et plus vous aurez de vibrations qui vont se faire ressentir chez vous.

Vos voisins vont criser ! :-)

3,5 ARTIFICES Pragmatiques pour Assurer l'INSONORISATION de Votre Appartement (et vous Réconcilier avec vos Voisins !) :

Tous les DJs n'ont pas la chance de pouvoir s'exprimer pleinement en studio au quotidien, loin de là !

Et vous êtes sans doute dans cette situation quand vous Mixez chez vous : on vous accuse de faire trop de bruit, on vous met la pression, et on vous menace d'appeler la police pour tapage nocturne (ou diurne) !

C'est scandaleux... ;-)

Au lieu de tenter de vous défendre en invoquant la liberté d'expression et tout le tralala, vous pouvez essayer de limiter la casse avec les conseils qui suivent concernant l'insonorisation de votre appartement :

1/ Limitez le volume nécessaire pour Mixer ou pour composer :

Placez vos enceintes de studio à hauteur d'oreille, et assez proches de votre tête quand vous vous en servez (de vos enceintes ^^) : entre 50 cm et 1 mètre maximum par exemple.

Dans le même ordre d'idée, faites un test en baissant le volume qui sort de votre casque, de manière à diminuer le volume nécessaire à sortir sur les enceintes.

2/ Atténuez les vibrations :

Posez vos enceintes sur des pieds dédiés, isolées de tout objet (évitez par exemple de les placer sur ou dans un meuble ou une étagère).

Vous pouvez en plus rajouter de la mousse absorbante juste sous l'enceinte pour augmenter l'isolation.

Si votre système d'écoute est composé d'enceintes et d'un caisson de basses : débranchez-le (dans la mesure du possible), car il ne vous aidera pas à Mixer.

Par contre, il va produire un maximum de fréquences non désirées !

Enfin, vous pouvez insonoriser votre appartement de plusieurs manières :

– Avec des boîtes d'œufs sur les murs / portes / plafonds...

C'est la solution la moins chère, vous en trouverez gratuitement en demandant à votre supermarché du coin ;-)

– Avec de la mousse spéciale (comme dans les studios d'enregistrement) à placer aussi partout où vous le pouvez.

– Avec de la moquette spéciale pour l'isolation acoustique.

3/ Gérez les fréquences nocives :

Plus un son porte dans les fréquences basses, et plus il va « prendre de l'ampleur » en s'éloignant de la source audio (contrairement aux hautes fréquences).

C'est pour cela que lorsque vous arrivez à une fête, un festival ou tout autre événement musical, vous commencez par entendre les basses quand vous êtes encore loin de la scène.

Et plus vous vous rapprochez, plus vous pouvez distinguer les fréquences moyennes d'abord, puis les hautes fréquences en dernier (d'où l'importance de bien les orienter).

Pour calmer les fréquences les plus nuisibles – les basses – vous pouvez rajouter un filtre « coupe-bas » (ou « passe-haut », c'est pareil) à environ 150 Hertz dans le parcours du signal audio.

C'est-à-dire que le filtre ne va laisser passer que les fréquences au-dessus de 150 Hz (dans notre exemple).

Pour effectuer cette manipulation, vous devez disposer d'un equalizer (« EQ ») physique, faire rentrer la sortie de votre table de Mixage dedans, et brancher la sortie de cet EQ en entrée de votre ampli.

4/ Soyez RADICAL :

En dernier recours et si toutes les astuces précédentes n'ont pas eu raison de vos (chers) voisins : Mixez (ou composez) entièrement au casque...

C'est loin d'être confortable, mais c'est faisable -> bon courage !

DJ sur IPad

Les premières applications DJ sur IPad étaient plutôt jeunes et « immatures » jusqu'à récemment.

Aujourd'hui, les fabricants de logiciels de DJing n'en sont plus à découvrir les possibilités de la tablette d'Apple.

Ils améliorent les premières versions en les rendant plus stables et plus complètes.

3 applications IPad pour DJ :

1/ Djay (Algoriddim) :

Ce logiciel disponible sur Mac, iPhone et iPad simule deux platines vinyles sur la tablette.

Diverses options sont intégrées comme l'Automix pour jouer votre playlist en « pilote automatique », ou encore la possibilité d'enregistrer vos Mixes.

Comme c'est le cas sur la plupart de ces applications, la waveform du titre en lecture est visible en temps réel, la détection automatique des tempos est prévue ainsi que les réglages des EQ (basse / médium / aigu).

Vous pourrez effectuer votre pré-écoute au casque grâce à un double cordon : il envoie un signal de sortie Master à votre amplificateur, et un autre signal à votre casque de manière séparée.

Enfin, vous pouvez greffer un contrôleur USB à votre IPad pour gérer Djay plus facilement.

2/ Cross DJ (Mixvibes) :

Un logiciel DJ sur IPad bien ficelé qui bénéficie de l'expérience du fabricant de plusieurs années.

Compatible en MIDI avec plusieurs contrôleurs ou platine CD (des presets sont inclus).

Multi-effets / création de boucles / synchronisation des tempos / master Tempo intégrés...

3/ DJ World Studio (Little Worlds Studio) :

Cette application DJ pour IPad intègre un mixer, et vous permet de jouer en mode « lecteur CD » ou « platines vinyles » selon vos préférences.

Vous pouvez passer de l'un à l'autre facilement, pas mal pour alterner des techniques propres à chaque outil !

Les options de scratch / pitch-bend / création de boucles ou encore des effets sont présentes. DJ World Studio permet d'enregistrer puis de remixer vos Mixes.

Les avantages du DJing sur Ipad :

– Vous pouvez utiliser votre IPad pour mixer des morceaux avec des logiciels qui simulent des platines vinyles et un mixer (MixVibes par exemple).

Mais vous pouvez aussi jouer du son « Live », c'est-à-dire non plus à partir de morceaux mais à partir de boucles pré-enregistrées dans un studio virtuel (comme Fruity Loops par exemple).

– Vous pouvez ajouter un contrôleur USB à votre configuration DJing, afin de piloter votre IPad de manière bien plus tactile et donc plus efficace.

L'interface de contrôle, une fois connectée et synchronisée avec votre logiciel, va vous permettre d'agir sur les éléments essentiels du Mix comme l'ajustement du pitch, les volumes des gains et des basses / médiums / aigus, ou encore pour changer de titre.

– Jouer avec un IPad, et donc en utilisant un logiciel de Mix numérique, permet de bénéficier de certaines options comme ajouter un effet (flanger, crusher, filter...), synchroniser les tempos automatiquement, profiter d'un pitch allant jusqu'à +/- 100% ou encore la fonction Master Tempo.

– Construire votre collection de titres vous revient beaucoup moins cher que si vous mixiez sur platines vinyles.

Au lieu d'acheter des disques à 9€ pièce, vous pouvez télécharger (de façon gratuite ou payante) la version numérique du morceau (MP3 ou mieux : WAVE).

– Votre IPad peut (quasiment) être votre seul outil pour mixer, tous vos titres pouvant tenir dedans.

Vous pouvez alors jouer presque n'importe où et de manière improvisée (lors d'une petite soirée, d'un anniversaire ou autre évènement) : votre matériel DJ est facilement transportable !

Prenez-le régulièrement avec vous lorsque vous pensez qu'il y aura peut-être moyen de mixer un peu pour telle ou telle occasion.

Si vous en avez besoin, n'oubliez pas que votre IPad peut se connecter à Internet, ce qui vous permet de récupérer des nouveaux titres à mixer à TOUT MOMENT.

Si vous avez 1H pour improviser une playlist incluant des morceaux que vous n'avez pas, c'est possible de le faire !

Les inconvénients du DJing sur Ipad :

– MP3 à éviter car la mauvaise qualité de rendu sur une « grosse » sonorisation se fait entendre.

Privilégiez les fichiers « source » non compressés (WAVE par exemple) pour être sûr du résultat.

Si vous utilisez quand même le format MP3, veillez à ne jouer que des fichiers qui sont encodés à 320 Kbits par exemple.

– Pas de « grosse » carte son intégrée à l'IPad, mais si vous vous en servez pour lire et jouer des morceaux ça reste suffisant quand même.

– Si vous n'avez pas de contrôleur USB vous devez TOUT gérer en touchant l'écran, ce qui peut s'avérer délicat dans certaines situations.

Surtout si vous mixez en public à une heure tardive de la nuit : ne vous trompez en manipulant votre logiciel DJing !

Mixer sur Logiciel DJ SANS Carte Son ni Contrôleur USB ? C'est Possible avec le Câble « SPLITTER » :

On voit de plus en plus de débutants découvrir les logiciels DJ comme Virtual DJ, Traktor ou autre, et qui galèrent pour Mixer car ils ne savent pas gérer la pré-écoute au casque.

Certains ne savent pas ce que c'est et ne voient donc pas l'intérêt, et d'autres sont conscients que c'est indispensable mais ne savent pas comment l'activer.

Dans les lignes qui suivent, vous allez découvrir un outil simple qui peut vous changer la vie si vous êtes dans l'une de ces situations : le « câble splitter »...

1/ Un câble splitter, c'est quoi ?

Si vous tentez de Mixer avec un logiciel et sans carte son ni contrôleur USB adapté, vous devez brancher votre casque sur l'unique port de votre ordinateur prévu à cet effet.

Le problème, c'est que vous ne pouvez entendre que le son qui sort en même temps sur les enceintes, autrement dit la « sortie Master ».

Vous ne pouvez pas écouter comme bon vous semble le titre lu sur la « platine » (ou « deck ») de droite, celui lu à gauche, ou les deux en même temps.

Par conséquent, vous ne pouvez pas faire de « pré-écoute » au casque, ce qui vous permettrait de préparer le titre suivant sans qu'on ne l'entende sur les enceintes (pour repérer quel passage jouer, son volume, son tempo...).

C'est là que le câble splitter intervient : il vous permet d'obtenir deux signaux audio distincts à partir de la sortie unique de votre ordinateur.

Le premier signal est prévu pour les enceintes (« sortie Master »), l'autre pour votre pré-écoute au casque.

Et cela, donc, sans passer par une carte son.

Son fonctionnement est le suivant : au lieu de transmettre un signal stéréo unique à partir de votre ordinateur, il envoie 2 signaux différents (un pour les enceintes, un pour le casque) qui sont chacun en mono.

L'avantage principal d'utiliser un câble splitter c'est que ça coûte moins cher que d'investir dans une carte son ou dans un contrôleur USB si vous fonctionnez avec un ordinateur !

Et si vous vous essayez au DJing avec un iPhone, un iPad ou encore un iPod Touch (avec le logiciel Djay par exemple) : vous n'avez tout simplement pas le choix (les cartes son externes ne pouvant pas s'adapter dessus).

2/ Où trouver un câble splitter ?

Vous pouvez en trouver dans des magasins de sono, dans certaines boutiques qui vendent du matériel Hi-Fi, ou encore dans certaines grandes surfaces.

Avant de l'acheter, vérifiez qu'il est compatible avec votre logiciel de

Mix.

Il peut fonctionner avec Virtual DJ et Traktor Pro, mais pas forcément avec sa version LE...

3/ Comment se servir d'un câble splitter ?

Dans votre logiciel de Mix, attribuez la « sortie Master » du logiciel à une voie de votre ordinateur (par exemple à gauche), et la sortie casque pour la pré-écoute de votre logiciel à l'autre voie (par exemple à droite).

Branchez-le en sortie de votre ordinateur, puis connectez-le au câble qui va vers votre ampli d'une part (en le dédoublant), et à celui de votre casque d'autre part.

Si vous utilisez déjà une carte son ou un contrôleur USB et que vous n'avez à priori pas besoin d'un câble splitter, en avoir un peut toujours vous dépanner le jour où vous avez une galère avec votre matériel hardware ;-)

Comment Peaufiner vos Mixes en Réglant vos Faders Comme un PRO !

1/Les potards des courbes des faders

Sur certaines tables de mixage plutôt moyenne voire haut de gamme, il est possible de régler la courbe des faders et du cross-fader.

Cela veut dire que vous pouvez modifier la façon dont le volume augmente ou diminue lorsque vous bougez le fader.

Certains DJs préfèrent lorsque les courbes (ou « pentes ») sont « sèches », c'est-à-dire que le volume de la voie correspondante est SOIT à 0 dB, SOIT à 100% (à fond dans les deux cas).

D'autres DJs, au contraire, vont choisir un réglage plus progressif pour mixer en fondus, ou plus « en douceur ».

Les réglages des courbes (appelé « shape » en anglais) se font via des potards souvent placés près des réglages du casque.

2/ Les 2 réglages opposés : le cut « sec » et le fondu progressif

Le réglage des courbes (progressive ou sèche) est représenté par 2 symboles distincts qu'on retrouve sur différents modèles de tables.

Positionnez les potards suivant l'utilisation que vous faites de votre table de mixage :

> Du scratch avec le cross-fader en courbe sèche à 100% ? A 80%,

ou plutôt à 60% ?

> Des mixes en « cuts » aux faders avec des courbes progressives à 100% ? 50% ?

> Allez-vous vous servir du potentiel du cross-fader ET des faders s'ils sont tous en « cut » à 100% ?

> ...

3/ Pour aller plus loin

Les tables de mixage qui vous permettent de régler la courbe de leurs faders et cross-fader peuvent vous « mentir ».

Par exemple, j'ai remarqué une « erreur » ou une « approximation » de réglage sur la Nuo 2.0 de chez Ecler.

Lorsqu'on est en mode 100% fondu progressif, et bien la fin de la courbe du fader, lorsqu'on le monte, n'est plus parfaitement linéaire.

C'est-à-dire que le volume augmente plus sensiblement vers la fin de sa course, dans les 2 derniers centimètres.

Peut-être que c'est voulu par le constructeur à la base ?

Peut-être que c'est la table qui est usée et qui donne cette impression ?

Quoi qu'il en soit, prenez le temps de faire des tests « à tête reposée » pour être sûr de bien maîtriser ces subtilités ;-)

L'avantage que j'en tire c'est de pouvoir faire des « mini-cuts » aux faders de seulement 1 ou 2 cm, ce qui permet de gagner du temps dans la manœuvre, et de « fluidifier » le mélange (le rendre moins abrupte).

Certaines options peuvent exister comme pouvoir inverser le « sens

» des courbes (utiliser un bouton pour échanger : « normal » <=> « reverse »).

Ou encore la fonction « Cut-In » : un réglage qui permet de modifier le temps d'ouverture du cross-fader (utile pour les scratcheurs !).

Concernant le scratch, la courbe du cross-fader devra être particulièrement bien réglée si vous voulez être précis et vif dans vos mouvements.

D'autant plus qu'ils seront répétés et reproduits souvent !

Pour conclure : il n'y a pas de bon ou de mauvais réglage en soit.

Ça dépend de votre personnalité musicale (comment vous gérez l' « énergie » dans vos mixes), du style que vous mixez, de vos techniques favorites...

Essayez les différentes possibilités de réglage pour tester et voir ce que vous pouvez en tirer ;-)

Comment Choisir le MEILLEUR Sac DJ pour Sécuriser le Transport de Votre Ordinateur et de Votre Contrôleur USB

Si vous Mixez avec un ordinateur portable et éventuellement un contrôleur USB, vous devez en prendre soin quand vous les déplacez pour jouer en soirée par exemple.

Voici différents types de sacs DJ prévus pour assurer le transport de votre matériel DJ, ainsi que quelques recommandations...

1/ Pourquoi vous procurer un sac DJ ?

Que vous soyez DJ numérique ou Liveur, utiliser un sac DJ spécialement conçu pour contenir votre ordinateur portable, votre contrôleur USB, votre casque et tous vos câbles vous permet de gagner en sérénité, car :

– tout votre matériel est centralisé en un endroit quand vous devez le déplacer ;

– votre matériel est protégé de la poussière, de l'humidité (au moins en partie), et de certains petits chocs qui pourraient l'endommager autrement.

Un sac DJ peut donc vous être bien utile pour aller Mixer en soirées, ou chez des amis par exemples.

Si vous avez une disco mobile ou si vous comptez voyager en avion avec votre matériel DJ, vous devriez sans doute plutôt vous orienter vers un fly-case.

C'est plus lourd, moins pratique à transporter (un fly-case ne peut pas être porté en bandoulière ni sur le dos), par contre il sera nettement plus résistant, et il protégera mieux votre matériel contre les chocs (surtout s'il doit passer en soute à bagages !).

2/ Les différents types de sacs DJ

Certains sacs DJ sont conçus spécialement pour du matériel en particulier.

Par exemple, le Digi Control Bag 40 est prévu pour contenir le contrôleur APC 40 de chez Akai.

Alors que d'autres sacs sont polyvalents, et peuvent contenir un ordinateur portable ainsi qu'un contrôleur USB (suivant son gabarit).

Vous pouvez trouver des modèles avec des roulettes et une poignée de transport (comme sur une valise), alors que d'autres modèles n'en ont pas : à vous de voir si vous en avez besoin.

Enfin, certains modèles de sacs DJ sont résistants à l'eau, ce que je vous recommande vivement !

3/ Quelques conseils pour acheter votre sac DJ :

Commencez par bien déterminer votre besoin en fonction de votre matériel DJ, ainsi que votre budget maximum (pour du neuf ou de l'occasion ?).

Vérifiez que le sac soit suffisamment grand pour contenir votre ordinateur portable en fonction de la taille de son écran.

Vérifiez aussi qu'il y a des rangements pour les câbles et votre casque, afin de vous y retrouver facilement !

Vous pouvez trouver votre sac DJ en magasin « physique » ou sur internet :

– Sur Sonovente (boutique de sono en ligne),

– Sur Nambagear.com (spécialiste des sacs DJ haut de gamme),

– Sur DJdeals.com (pas mal de choix).

Pensez à comparer les prix si vous prenez du neuf, en prenant en compte le montant de la livraison si vous commandez sur internet ;-)

Dénichez et Vendez votre Matériel DJ d'Occasion EN UN CLIN D'ŒIL avec ces 4 (+3) Sites Spécifiques :

Que vous ayez besoin de vendre votre table de Mixage, de compléter votre configuration DJ avec un contrôleur USB, ou encore d'acheter votre première platine vinyle, les petites annonces peuvent vous aider à vous y retrouver côté budget.

Voici quelques ressources pratiques pour trouver ou pour vous séparer de votre matériel DJ rapidement, notamment :

1/ Les sites de petites annonces liées au matériel DJ d'occasion :

Voici 4 sites spécialisés dans le matériel de musique, de DJing et de sono, qui présentent une section de petites annonces bien garnies :

– Sonomag.com

– Audiofanzine.com

– Zikinf.com

– Trocmusic.com

2/ Les sites de petites annonces génériques présentant du matériel DJ d'occasion

Vous les connaissez sans doute déjà vu leur notoriété.

L'avantage, c'est qu'ils sont connus du grand public et utilisés régulièrement, vous pouvez donc y dénicher des affaires intéressantes et proches de chez vous.

– Ebay.fr

– Leboncoin.fr

– Zone-annonces.net

3/ Quelques astuces pour votre matériel DJ d'occasion :

Vous pouvez vous renseigner au près des disquaires et magasins de sono « physiques » si vous en avez près de chez vous : vous pourrez y trouver des conseils et des petites annonces.

Essayez toujours votre matériel avant de l'acheter : prévenez le vendeur et prévoyez ce qu'il faut pour pouvoir le tester (casque, disques vinyles ou CD...).

Idem si vous vendez votre matériel DJ : prévoyez de faire une démonstration à votre acheteur potentiel pour lui montrer que tout fonctionne comme prévu.

Pour cette raison, évitez les brocantes.

Si vous voulez vendre plus facilement, prenez soin de mettre en valeur votre matériel DJ avec une (ou des) belle photo, une description précise, et vos coordonnées complètes.

Vous pouvez dire quand vous l'avez acheté, si c'était en neuf ou d'occasion, comment vous l'avez utilisé (uniquement chez vous ? Ou est-ce que vous l'avez transporté en soirées ? ...)...

Bref, utilisez tous les « arguments » qui valorisent votre matériel et qui peuvent vous aider à le vendre à un prix correct.

Enfin, si vous cherchez du matériel DJ ou sono neuf mais avec un rabais, vous pouvez jeter un oeil aux ventes flash sur des sites e-commerce comme Dailymusic.fr, ou encore sur Sonovente.com...

> ALLEZ PLUS LOIN :

Pour en savoir plus sur les types de prestations qui vous concernent précisément, et sur le matériel de mix qui vous convient le mieux, découvrez dès maintenant votre Pack de Bienvenue (GRATUIT) :

La-guerre-des-potards.com/Livre

Vous y trouverez, entre autres, un mode d'emploi étape par étape pour optimiser votre ordinateur afin de mixer avec plus de sécurité ;-)

2- CALAGE TEMPO & TECHNIQUES DE MIX

Qu'est-ce que le mixage ?

Mixer c'est mélanger 2 morceaux entre eux (ou d'autres sources sonores dans certains cas) en les superposant au niveau du volume.

On utilise pour cela une table de mixage 2 voies, 3 voies ou plus, dont le rôle est uniquement de gérer les volumes de différentes façons : égaliseurs (« EQ »), faders de voies, cross-fader (ou « X-fader »).

Pour faire un bon mix, plusieurs paramètres sont à considérer :

1/ bien choisir le disque à enchaîner,

2/ caler le tempo du disque entrant sur le tempo du disque actuel,

3/ choisir le bon moment du disque sortant pour faire entrer le nouveau morceau,

4/ lancer le nouveau titre sur le premier temps de sa boucle (ou « phrase musicale »),

5/ faire rentrer le nouveau titre dans le mix, c'est à dire commencer à monter son volume (fader, cross-fader, égaliseur, gain...) par dessus le volume du morceau sortant,

6/ continuer de mélanger les 2 morceaux, ajuster les volumes des bass / médium / aigu pour les 2 voies, puis faire sortir le titre 1 du mix.

L'objectif du mix est de créer une continuité, une suite logique ou émotionnelle en enchaînant des disques les uns à la suite des autres.

La succession de mixes (par exemple pendant 45 min) s'appelle un « set ».

Apprendre à Mixer sur Platines

1/ Apprendre à mixer sur platines : pour qui ?

Les platines vinyles ou CD peuvent correspondre à tous types de DJs : du débutant au professionnel.

Le niveau d'un DJ ne dépend pas que de son matériel (loin de là !), et chacun peut tirer profit des platines à sa manière.

Certains artistes préfèrent mixer sur platines vinyles pour le « grain » du son assez spécifique à ce support.

D'autres vont utiliser des platines CD pour les options avancées qu'elles proposent, comme le pitch à +/- 50% par exemple, ou encore le « Master tempo ».

2/ Comment bien apprendre à mixer sur platines : les bases indispensables :

L'idée pour bien démarrer c'est d'abord de comprendre deux choses :

1- L'intérêt des platines dans le Mix, c'est-à-dire leur rôle en tant qu'outil pour le DJ.

2- Le fonctionnement précis des platines.

Les platines vinyles ont leur particularités propres à leur mécanique, alors que les platines CD proposent des options différentes qui peuvent vous faciliter la tâche.

Lorsque vous savez vous servir un minimum de votre matériel, il vous reste à découvrir les bases du DJing.

3/ Les avantages et les inconvénients d'apprendre à mixer sur platines :

Apprendre à mixer sur platines n'est pas forcément évident, surtout si vous débutez totalement dans le DJing.

Platines vinyles : vous avez un son riche car non compressé (comme c'est le cas avec le format MP3 par exemple).

Le toucher du vinyle est un atout de taille pour contrôler facilement vos scratches ou vos manipulations rapides.

Les limites des platines vinyles sont plus ou moins vite atteintes suivant les modèles : sur les Technics le pitch ne va pas à plus de 8 ou 12%.

Alors que d'autres modèles proposent des pitches allant jusqu'à +/-50% (comme les Numark TTX).

Platines CD (individuelles) et double-lecteurs CD : vous pouvez graver facilement vos titres et à moindre frais, et donc enrichir rapidement votre collection de disques.

Souvent, les platines CD sont dotées de plusieurs options intéressantes comme la fonction « Key lock » utile pour appliquer les principes du Mix Harmonique.

Celle-ci permet de modifier le tempo SANS changer la tonalité, bien pratique pour ne pas trop dénaturer le son d'origine !

D'autres fonctionnalités peuvent vous aider à développer vos techniques de Mix comme le fait de pouvoir créer des boucles « à la volée » (ces « loops » peuvent durer 1, 2, 4, ou encore 16 temps...).

En conclusion : apprendre à mixer sur platines vinyles ou CD requiert en priorité de bien comprendre les différentes possibilités qui vous sont offertes, et c'est à vous d'en tirer profit à votre façon !

A quoi sert le calage tempo ?

Il s'agit de la première technique à apprendre, quelque ce soit votre style musical !

Caler le tempo c'est synchroniser le tempo, c'est à dire le nombre de Battements Par Minute (BPM), des deux disques, afin de pouvoir les mélanger entre eux. L'objectif est :

1/ d'obtenir la même « vitesse » (BPM) pour les 2 disques (en ne modifiant que la vitesse du disque entrant si possible),

2/ de faire correspondre les temps musicaux entre eux, c'est à dire qu'un temps sur le disque 1 (sortant) doit être « aligné » sur le temps du disque 2 (entrant). Les temps musicaux des 2 disques doivent être joués en même temps (pas évident à expliquer !).

Exemple : en techno, chaque temps musical est marqué par une note de kick. Lorsque les 2 disques sont calés au niveau du tempo, les 2 kicks doivent être joués exactement au même moment, ils doivent se « confondre » l'un dans l'autre, ce qui permet le mixage.

Le pitch sur la platine permet d'augmenter ou de diminuer la vitesse de rotation du disque, et donc le BPM. On écoute le disque à mixer dans le casque, on s'aperçoit qu'il est trop rapide ou trop lent par rapport au disque qui sort sur les enceintes => on ajuste le pitch puis on réécoute.

On refait cela jusqu'à ce que les 2 tempos soient synchronisés et qu'ils le restent le plus longtemps possible sans intervenir sur la platine. On peut ensuite mixer le disque calé ;-)

Le pitch peut aller de -8 à +8%, de -12 à +12%... Plus les valeurs sont petites (8%), plus il sera facile d'être précis sur le calage, car un déplacement du pitch aura moins d'impact par rapport à une grosse valeur (20%, 50%...).

9 fois sur 10 un pitch -8/+8% suffit pour caler 2 disques qui appartiennent au même genre musical, si ce n'est pas le cas, les disques ne sont pas faits pour se mixer ensemble.

En techno, hardtek, hardcore, trance... on peut caler le tempo en écoutant les kicks du disque entrant dans le casque, afin de les « aligner » sur les kicks du disque sortant, puisque chaque kick correspond à un temps musical.

Il est alors important de bien pouvoir entendre les fréquences medium dans le casque, elles sont plus « parlantes » que les basses ou aigues pour caler.

Si ta table de mix le permet, utilisez les potards bass / medium / aigu pour booster les mediums dans le casque par rapport aux autres fréquences ;-)

Vous pouvez utiliser votre corps pour vous aider à rester dans le rythme : tapez du pied ou bougez ta tête en étant en rythme sur le tempo du disque sortant, transformez-vous en métronome pour caler plus facilement !

Sinon, vous pouvez aussi compter les temps du disque sortant pour vous en servir comme repère.

A force de pratiquer, tout cela va devenir un automatisme.

L'exercice quand vous débutez dans le mix tempo c'est d'arriver à bien distinguer dans votre tête les 2 sources sonores : le disque 1 (enceinte de retour) et le disque 2 (votre casque) doivent être clairement séparés.

Vous devez ensuite repérer quel disque est trop rapide ou trop lent afin de réajuster le pitch.

3 Étapes APPROUVÉES Pour Apprendre à Mixer RAPIDEMENT :

Si vous voulez apprendre à mixer rapidement, vous pouvez obtenir des résultats plus que corrects en très peu de temps, même en seulement quelques semaines...

L'idée c'est d'apprendre à mixer en suivant un ordre logique une chose après l'autre.

Voici les 3 étapes clés indispensables pour y parvenir facilement et rapidement :

1/ Apprendre à mixer en commençant par maîtriser le calage tempo « à l'oreille » :

Beaucoup de DJs débutants qui veulent apprendre à mixer passent à côté de cette étape cruciale qu'est le calage tempo manuel (« à l'oreille »).

Notamment en utilisant de manière abusive la fameuse touche « SYNC » qu'on retrouve sur tous les logiciels de mix (Virtual DJ, Traktor, Serato DJ...), et qui peut vite devenir un piège à un apprentissage sérieux.

Je vous recommande clairement de ne PAS utiliser cette fonctionnalité pendant votre apprentissage du mix !

Il est primordial que vous appreniez à caler le tempo même si c'est chiant (soyons clairs, c'est purement technique et ça peut être démoralisant au début), car vous pourrez ainsi comprendre les fondements de base de votre style musical.

Vous découvrirez alors plus en profondeur comment sont structurés vos titres, pourquoi vous devriez mixer à tel moment plutôt qu'à tel autre, et surtout vous pourrez vous passer de la synchronisation automatique (« SYNC ») qui est loin d'être fiable à tous les coups (quel que soit le logiciel DJ utilisé) !...

Cette étape du calage tempo à l'oreille est tellement importante pour bien apprendre à mixer par la suite que j'en ai fais le tout premier cours de la formation DJ « Padawan » spécialement prévue pour les débutants !

La méthode en 7 étapes simples qui fonctionne systématiquement (et avec tous types de matériel DJ) vous permet de vous débarrasser de cette galère du calage tempo une bonne fois pour toute...

2/ Apprendre à mixer en utilisant les techniques de mix fondamentales :

Pour apprendre à mixer deux titres correctement, il est impératif de bien comprendre comment fonctionne votre table de mixage, et tout son potentiel.

Vous avez plusieurs façons de gérer les volumes de vos titres indépendamment, c'est à vous d'adapter la meilleure technique en fonction de votre style musical, de votre maîtrise des faders et des potards des basses / médiums / aigus, et en fonction de la « finesse » et de la subtilité que vous voulez développer.

Certains styles musicaux sont plus « progressifs » que d'autres, avec des évolutions continues et lentes (comme la Trance par exemple).

Dans ce cas, vous pouvez appliquer des techniques de mix « en longueur » comme des fondus enchaînés aux faders, qui permettent de passer d'un titre à l'autre de manière très fluide.

Au contraire, d'autres styles sont plutôt « breakés » (comme le breakbeat, le breakcore...), ou simplement avec des structures musicales assez marquées et sèches.

Dans ce cas, mieux vaut appliquer des techniques de mix plus franches, comme des « cuts secs » sur 1, 2 ou 4 temps musicaux.

Typiquement vous pouvez mixer de cette manière sur les fins de patterns (boucles de 16 temps), afin d'introduire le titre 2 dans le mix petit à petit par exemple.

3/ Apprendre à mixer en appliquant les règles du mix harmonique :

La théorie musicale appliquée au DJing peut vous aider à apprendre à mixer plus rapidement tout en vous faisant gagner en qualité de rendu !

Le « mix harmonique » consiste à choisir vos titres en tenant compte de leur tonalité (et donc des notes qui les composent), afin de trouver des « combinaisons harmoniques ».

Ces combinaisons vous permettent d'enchaîner des titres de manière bien plus naturelle et plus fluide que s'ils sont choisis de manière plus aléatoire.

Dans certains cas, il peut même vous arriver de tomber sur des combinaisons carrément bluffantes et surprenantes : deux morceaux qui vont très bien se mixer ensemble alors qu'à première vue vous n'y auriez même pas songer !

Apprendre à mixer harmoniquement vous permet en plus de vous simplifier la contrainte du calage tempo manuel, car vous devez vous limiter à des titres ayant des tempos suffisamment proches entre eux pour que ça fonctionne.

La marge de manœuvre possible sur les pitches étant réduite par définition, vos tempos sont plus faciles et rapides à caler !

Que du bonheur :-)

Calage tempo : être plus efficace

Pour caler le tempo sur vinyles, il faut maîtriser la vitesse de rotation du plateau à tout moment, et il faut pouvoir agir rapidement et efficacement pour bien réajuster.

Des fois il faudra freiner le plateau longtemps, dans la durée, des fois il suffira d'une pichenette pour relancer un titre très légèrement en retard.

Plusieurs techniques existent pour ces réajustements :

1/ En utilisant l'axe du moteur :

On peut le pincer (uniquement) pour ralentir le tempo, ou le pincer et exercer une force dans le sens de rotation du disque pour l'accélérer.

L'avantage de cette technique est de pouvoir agir de façon fluide, sans à coup, et d'agir avec la même intensité que le disque soit voilé ou pas.

Le désavantage c'est qu'on est dépendant de la force du moteur de la platine : ce sera donc très différent si on mixe sur une platine d'entrée de gamme avec un moteur de faible puissance, ou sur une platine haut de gamme, avec un moteur très « dur » !

2/ En utilisant le plateau :

On peut le freiner en plaçant la main gauche sur la gauche du plateau, ou l'accélérer légèrement jusqu'à très fortement en « l'accompagnant » de la main dans le sens de rotation.

Encore une fois, la force de ces manipulations seront directement liées au moteur : sur un plateau léger les réajustements devront être très précis et subtils, sur une platine avec un moteur puissant comme la Numark TTX, c'est plutôt rapage de doigts pour freiner ! :-)

L'avantage de cette technique c'est de pouvoir « rattraper » rapidement un tempo beaucoup trop lent ou à l'inverse beaucoup trop rapide, ça peut donc être assez bourrin !

3/ En appuyant sur le macaron (la vignette ronde au cente du vinyle) :

Soit vous freinez en laissant traîner votre doigt dessus, soit vous accélérez en poussant ce macaron dans le sens de rotation.

Il faut appliquer plus ou moins de force suivant que le disque soit voilé ou non, s'il l'est il vaut mieux utiliser une autre technique ;-)

4/ Appliquer la fonction « pitch bend » alternative :

Fonctionne avec certaines platines, il s'agit de donner un léger coup d'accélération, ou un léger freinage instantanément.

Pour cela, on se sert des boutons 33 et 45 rpm : si le disque tourne en 33 tours, laisser ce bouton appuyé, et appuyez en plus brièvement sur le bouton 45 tours : le moteur subit une courte accélération.

On peut effectuer l'opération inverse : si le disque tourne en 45 tours, si on laisse le bouton 45t appuyé, puis qu'on appuie brièvement sur le bouton 33t : le moteur freine.

En maîtrisant cette technique, on peut améliorer sa précision pour réajuster le calage.

Ca permet d'éviter de toucher le disque ou le plateau, donc le résultat est le même même si le disque est voilé ;-) !

Cette technique fonctionne sur les platines Technics, pour les autres : à tester !

Certaines platines vinyles proposent la fonction Pitch bend (certaines Vestax par exemple).

Sur les platines CD, c'est une option assez courante.

5/ En utilisant uniquement le pitch :

Dans ce cas il faut que les 2 tempos soient déjà très proches l'un de l'autre !

L'intérêt de cette technique c'est d'être fluide quelque soit le type de platine et quelque soit l'état du disque (nickel ou voilé).

Pas forcément évident ^^ .

Une astuce pour gagner du temps au tout début de calage tempo c'est de mettre le pitch du disque entrant volontairement trop rapide ou trop lent.

Comme ça on sait déjà dans quel « sens » il faudra le diriger.

Si vous devez enchaîner très rapidement, vous pouvez utiliser cette méthode et vous servir de votre main gauche en permanence sur le bord du plateau pour freiner le disque à votre convenance.

Vous pouvez alors mixer à une main, la droite, en même temps...

C'est pas forcément évident, mais ça peut vous sortir d'une galère ;-)

Comment Recaler vos Tempos Subtilement avec le Pitch

Lorsque les tempos de vos 2 morceaux sont calés, ils le sont de manière provisoire. C'est-à-dire qu'ils vont forcément se mettre à se décaler petit à petit, quelque soit votre niveau de précision dans votre synchronisation. Vous devrez donc appliquer des techniques de recalage tempo, et cela plusieurs fois...

Bien sûr, les exceptions existent : dans certains cas très rares, vos 2 tempos seront « parfaitement » calés, et vous n'aurez pas besoin d'y retoucher pendant votre mix.

Pour cela, vous devrez être précis (voire « chanceux »), et vous devez avoir du matériel fiable et stable pour maintenir cette synchronisation dans le temps.

Si vous mixez sur des platines vinyles Technics mk2 par exemple, il se peut que de temps en temps vous appliquiez un calage stable pendant 1 ou 2 minutes, voire plus.

Mais encore une fois, ça n'arrive malheureusement pas tous les jours !

Pour recaler vos tempos, vous pouvez appliquer différentes techniques comme freiner un plateau, ou pousser le macaron d'un vinyle par exemples.

Mais la technique la plus avancée consiste à ne se servir QUE du pitch du disque entrant. Pourquoi ?

Car vous pourrez recaler vos tempos de manière extrêmement subtile et presque inaudible par votre public, contrairement aux autres techniques de recalage plus faciles à maîtriser.

Je m'explique :

Lorsque vous poussez ou freinez le plateau, le macaron ou encore quand vous utilisez le « pique central » du plateau, vous avez de grandes chances de provoquer un à-coup, c'est-à-dire un changement sec et brusque.

Or, ce type d'à-coup est facilement audible par votre public, ce qui est contraire à l'aspect « musical » que vous voulez rendre en mixant.

Autrement dit, votre manœuvre n'est PAS fluide, elle paraît être précipitée et ce n'est pas ce que vous voulez obtenir !

L'astuce c'est d'utiliser le pitch de votre platine pour « rattraper » votre calage tempo défectueux.

Voici comment vous y prendre :

1/ Calez votre tempo au casque comme d'habitude avant de mixer, avec vos techniques préférées : si c'est brusque ou précipité ce n'est pas grave car vous êtes le seul à le savoir (votre public ne l'entend pas) !

2/ Lorsque vous commencez à mixer en rentrant le nouveau morceau, vos tempos et vos boucles sont calés de façon provisoire.

Vous vous attendez à ce que ça se décale dans les secondes à venir...

Jusque là, rien de nouveau.

3/ Vous mixez vos 2 morceaux, et vous commencez à sentir le décalage du disque entrant.

A ce moment-là, vous ne touchez PAS au plateau, au macaron ni au « pique central du plateau », mais vous allez jouer uniquement avec le pitch pour accélérer ou diminuer le tempo voulu.

L'avantage c'est que vous allez agir sur la force et l'entraînement du moteur de façon indirecte : c'est le pitch qui va « pousser » ou freiner le moteur, et non pas votre main dont la précision est grossière et approximative.

La manipulation sera bien plus subtile (mais aussi plus délicate à effectuer !), car la vitesse du plateau sera modifiée progressivement et non pas de façon « instantanée » !

Apprendre à Mixer avec la Touche « SYNC » : les Cas LÉGITIMES

L'utilisation de la fonction SYNC qui permet de caler les tempos de deux titres automatiquement est très controversée pour un DJ qui veut apprendre à Mixer correctement.

Dans les lignes qui suivent, vous allez découvrir les meilleures façons d'en faire bon usage :

1/ Apprendre à Mixer avec la fonction SYNC : bonne ou mauvaise idée ?

Soyons clair : quel que soit votre matériel DJ, je vous recommande vivement d'apprendre à caler le tempo manuellement « à l'oreille », et cela dès le début de votre apprentissage du Mix !

C'est d'ailleurs ce que j'enseigne dans mes cours, car arriver à dompter le tempo est une des bases fondamentales pour devenir DJ, sans laquelle vous ne pouvez rien construire de sérieux.

Si vous Mixez sur vinyles ou sur CD, vous n'avez pas le choix : vous devez passer par une phase d'entraînement au calage tempo qui est chiante mais obligatoire.

Par contre, si vous utilisez un logiciel de DJing comme Traktor ou Virtual DJ, vous risquez de tomber dans le piège de l'attrait de la facilité en utilisant la fonction SYNC sans avoir appris à caler le tempo à l'oreille au préalable.

Bien sûr, dans la plupart des cas, la touche SYNC fait son affaire : vous obtenez vos deux titres synchronisés au niveau de leur tempo (uniquement du tempo, les phrases de 16 temps ne sont, elles, pas calées avec une SYNC basique !) sans effort et en un clin d'œil, ce qui vous fait gagner du temps et de la précision.

Le problème, c'est que la reconnaissance des tempos par les logiciels n'est pas fiable à 100%, et l'information obtenue pour des titres aux styles ou aux structures rythmiques particulières risque d'être erronée.

Cela peut s'améliorer en gérant correctement le beatgrid, mais je ne m'étale pas plus sur ce point pour cet article...

L'idée c'est donc d'apprendre à Mixer en restant indépendant de cette fonctionnalité dans un premier temps, puis une fois que vous saurez comment réagir en cas de galère (si vous devez passer en calage manuel pour telle ou telle raison), alors vous pourrez vous en servir sans en abuser ;-)

2/ Dans quels cas utiliser la touche SYNC :

Une fois le calage tempo manuel maîtrisé, vous pouvez vous servir de la fonction SYNC comme s'il s'agissait d'un raccourci, d'un gain de temps non négligeable qui vous permet de développer considérablement votre façon de Mixer.

Suivant votre configuration DJ, vous pouvez alors Mixer sur 4 decks en parallèle (avec un contrôleur USB 4 voies) : chose possible mais difficile sans la SYNC, car le temps requis pour caler le tempo à l'oreille devient trop important pour se concentrer sur autre chose !

Avec la synchronisation automatique des tempos, vous pouvez jouer un kick sur le deck 1, un synthé sur le deck 2, un FX sur le deck 3 et une rythmique sur le deck 4 par exemple (exemple un peu extrême mais vous voyez l'idée)...

Si vous avez des lecteurs CD haut de gamme comme des Pioneer CDJ2000 Nexus équipés de la fonction SYNC, vous pouvez Mixer facilement sur 4 platines connectées entre elles.

Dans un autre ordre d'idée, utiliser les remix decks de Traktor (par exemple) sans SYNC serait une vraie galère, et limiterait grandement leur potentiel !

Enfin, si pour une raison ou pour une autre vous voulez enchaîner des titres très rapidement à la suite sur des courts passages, la touche SYNC vous économisera du temps précieux pour assurer vos transitions !

Par exemple, si vous voulez créer un break particulièrement long en faisant se succéder des parties de trois intros de titres à la suite...

5 Raisons d'Utiliser le PITCH Même si Vous Calez le Tempo avec la Touche SYNC

Vous allez voir pourquoi le pitch reste un outil important en DJing, même si vous êtes habitué à utiliser la synchronisation automatique des tempos...

De plus en plus de DJs utilisent la touche « SYNC » (aussi appellé « BPM Sync », ou encore « Beat Sync ») présente dans la plupart des logiciels de Mix, ainsi que sur certains modèles de lecteurs CD.

Cette fonctionnalité permet de caler le tempo de deux titres automatiquement et sans effort, de manière plus ou moins fiable suivant différents critères comme la qualité du matériel ou le style de musique.

Si vous débutez et que vous ne savez pas caler le tempo à l'oreille, je vous recommande de ne pas utiliser cette fonctionnalité !

Apprenez d'abord à maîtriser le calage tempo, qui est un aspect essentiel du DJing, avant de faire confiance aveuglément à un logiciel qui le fait à votre place.

Voici 5 situations pour lesquelles vous pouvez avoir besoin du pitch de votre platine vinyle, CD ou de votre contrôleur USB, même si vous utilisez la synchronisation automatique du tempo systématiquement :

1/ Ralentir ou accélérer la lecture d'un titre pour l'ajuster au tempo du morceau suivant

De manière générale quand vous Mixez, évitez d'enchaîner des titres dont la différence de tempo est trop importante (5 BPM et plus), sinon le son risque d'être trop dénaturé par rapport à sa vitesse de lecture d'origine.

Si le titre 1 en cours de lecture est joué à 180 BPM et que celui que vous voulez enchaîner est à 190 BPM, vous pouvez atténuer cette différence de tempo trop grande en utilisant le pitch de la platine 1.

Vous amenez alors le titre 1 à 185 BPM (de façon progressive pour ne pas choquer le public), et lorsque vous utilisez la synchronisation automatique des tempos sur le titre 2, celui-ci sera moins dénaturé que prévu (- 5 BPM au lieu de – 10 BPM si vous n'aviez pas utilisé le pitch).

Cet exemple est un peu « extrême » et vous oblige à monter le tempo à 185 BPM ce qui n'était pas voulu à la base, mais vous avez compris l'idée ;-)

2/ Caler un sample externe sur le tempo grâce au pitch :

Si vous pouvez utiliser la touche SYNC pour caler automatiquement le tempo de deux titres (par exemple sur vos decks 1 et 2), ce n'est pas forcément le cas quand vous rajoutez une 3ème source audio à votre Mix.

Par exemple, si vous voulez jouer un son d'alarme ou encore un acappella pendant la lecture d'un titre, vous devrez sans doute vous servir du pitch pour ajuster son tempo à celui du morceau en question...

3/ Ajuster le tempo général pour Mixer Harmoniquement :

Si vous pratiquez le Mix Harmonique, vous savez que la différence de tempo entre les deux titres doit être de moins de 3%, sinon la tonalité change.

Certains matériels DJ (platines CD, logiciels de Mix...) sont équipés de la fonctionnalité « Key lock » qui permet de conserver la tonalité d'origine même si le tempo varie.

Le problème c'est que plus vous utilisez cette option de façon « intensive » (c'est-à-dire en cherchant à garder la tonalité avec un tempo très différent de celui d'origine) et plus la qualité du son se dégrade (eh oui, ça peut être pratique, mais ça ne fait pas de miracles !).

Donc si vous voulez Mixer Harmoniquement de façon propre et avec un rendu de qualité optimale, utilisez le pitch pour ajuster le tempo ! ;-)

4/ Créer un FX modulable grâce au pitch :

En utilisant le pitch, vous pouvez accélérer ou diminuer de façon drastique la lecture d'un sample sur un lecteur CD ou un contrôleur

USB dont l'échelle de pitch peut être grande (+/- 50% ou même +/- 100%) pour créer et moduler un effet particulier.

Par exemple, vous pouvez vous amuser à faire varier la hauteur d'un son de sirène ou d'une nappe de synthé continue « en longueur ».

Ou encore, si vous avez un son percussif (un snare haché, un kick filtré, un clap...) joué sur chaque temps musical, vous pouvez créer une « montée en pression » en le passant en solo sur 1 ou 2 boucles de 16 temps tout en faisant varier son tempo avec le pitch.

Si c'est bien fait et au bon moment, vous pouvez créer une tension chez votre public avant de relancer un kick / basse, ou la musique au complet...

5/ Utiliser le pitch pour créer un effet de motor-off :

Vous pouvez utiliser le pitch pour créer un effet d'extinction de platine, comme expliqué en 3ème partie de l'article dédié aux échelles de pitch.

Cela peut fonctionner si vous pouvez ajuster le « pitch range » (la valeur de l'échelle du pitch) à +/- 50% minimum (+/- 100% peut mieux fonctionner).

Comment Profiter des Différentes Échelles de PITCHES de Façon ORIGINALE

Vous allez découvrir comment utiliser la bonne échelle de pitch (8%, 12%, 50%...) en fonction de l'usage que vous voulez en faire...

1/ Les différentes échelles de pitches existantes :

Sur les platines vinyles standard, l'échelle du pitch est de +/- 8% par défaut.

Sur certains modèles, vous pouvez basculer sur du +/- 12%, voire sur du +/- 16% (comme sur les Technics SL1200 M5G).

Les moteurs des platines vinyles ne permettent pas d'aller au-delà de ces valeurs, sauf cas exceptionnels (par exemple : la Numark TTX USB qui peut monter jusqu'à +/- 50%).

Pour les platines CD, un pitch qui peut aller à +/- 16% est classique, habituel.

Sur certains modèles, il peut être ajusté à +/- 6%, mais cela reste rare.

Enfin, pour ce qui est des logiciels de Mix comme Traktor, il est possible de pousser le pitch à +/- 100%, c'est-à-dire de carrément doubler la vitesse de lecture, ou de la diviser par deux !

2/ L'échelle de pitches la plus appropriée pour Mixer :

Pour ce qui est du réglage de l'échelle du pitch, plus elle est petite et plus vous serez précis (c'est-à-dire que le déplacement du bouton du pitch aura moins d'impact sur la poussée du moteur de la platine, ou sur la vitesse de lecture).

Autrement dit, vous pourrez vous permettre d'être plus « approximatif » en ajustant le pitch sur une échelle de 8% que sur une échelle de 16% avant que ça ne soit trop audible.

Je vous conseille donc vivement de vous baser sur du +/- 8% (le standard) pour Mixer vos titres, et surtout si vous débutez : vous aurez moins de mal pour caler le tempo (en partant du principe que vos morceaux ont des tempos suffisamment proches pour être Mixés correctement).

Si vous avez besoin d'utiliser l'échelle de pitches de +/- 12% (ou plus) pour caler vos tempos, c'est que vos titres ne sont pas faits pour se marier ensemble (ce n'est que mon avis) ;-)

Dans ce cas là, revoyez votre sélection afin de passer des morceaux plus adéquats.

Remarque : sur certains modèles de platines vinyles chez Vestax, on peut trouver deux réglages de pitches : le pitch « classique » et l' « ultra pitch » qui permet d'aller plus loin dans la précision.

3/ Ce que vous pouvez faire avec les différentes échelles de pitches :

Voici quelques idées pour vous amuser avec les différentes échelles de pitches :

– Vous pouvez créer un effet de « wool-up » (comme un « rembobinage » de disque vinyle) accéléré en enclenchant la fonction reverse de votre lecteur CD (pour que le titre soit lu à l'envers) et en passant le pitch à une grande valeur (par exemple + 50%).

Vous pouvez même « moduler » ce wool-up en faisant varier la valeur du pitch, bref à tester :-)

– A l'inverse de l'effet de wool-up, vous pouvez simuler un effet de « motor off » (la platine vinyle qui s'éteint pendant que le son continu d'être lu de plus en plus lentement).

Pour cela, il vous suffit de sélectionner l'échelle de pitch la plus forte (50% minimum) puis de baisser le pitch progressivement au moment voulu dans votre Mix.

– Vous pouvez transformer le titre en cours de lecture en une sorte de FX en montant son pitch au maximum (+ 50% minimum), ce qui va générer une sorte de « signal » presque continu.

Vous pouvez ensuite appliquer des « cuts » au cross-fader sur ce signal pour le découper rapidement.

– Vous pouvez jouer avec les valeurs du pitch pour faire varier la tonalité d'un son ou d'un sample à scratcher (bon OK, ça demande un certain entraînement pour que ça donne quelque chose, mais c'est faisable).

Technique DJing : le « Mini Cut »

1/ Le « Mini Cut » c'est quoi ?

Cette technique de DJing est proche du « Cut », c'est-à-dire lorsque l'on coupe entièrement le volume d'une voie sur la table de mixage en utilisant uniquement son fader.

La technique du Mini Cut consiste aussi à baisser provisoirement le volume d'une voie mais DE MANIÈRE PARTIELLE.

Le fader ne va pas descendre jusqu'en bout de course, vous allez plutôt le déplacer sur seulement 2 cm maximum.

2/ A quoi sert cette technique de DJing ?

> Elle vous permet de fluidifier vos mélanges, de faire en sorte que les deux titres soient moins distinguables l'un de l'autre lors de vos jeux aux faders.

> Vous gagnez du temps dans votre manipulation de Cut : le trajet aller et retour du fader est beaucoup plus court que sur un Cut classique (complet).

Votre Mini Cut vous prend 3 fois moins de temps, vous pouvez donc agir vite.

Si vous n'êtes pas fan des Cuts secs et fulgurants, vous pouvez prendre plus votre temps – et donc être bien plus précis – avec un Mini Cut qu'avec un Cut normal.

Le Mini Cut peut durer sur 1 temps musical, 2 ou 4... à vous de voir en fonction de l'effet que vous voulez produire.

3/ Aller plus loin en utilisant d'autres techniques de DJing :

Vous pouvez allier le Mini Cut à une montée des basses de l'autre titre provisoirement en utilisant son potard.

Ou encore, vous pouvez enchaîner des Mini Cuts alternés entre la voie 1 et la voie 2.

Vous pouvez aussi enchaîner des Mini Cuts de plus en plus « marqués » en terme de baisse de volume.

Par exemple commencer avec des Mini Cuts de 1 cm de déplacement, puis 2 cm, puis 4 cm...

Une alternative à cette technique DJing : utilisez le cross-fader à la place des faders pour faire la manœuvre.

Pensez à bien régler la courbe de votre cross-fader avant de commencer ;-)

Mix CD et MP3 : 2 (+1) Façons Surprenantes d'Utiliser vos Points CUE

L'un des avantages de mixer sur CD ou sur des systèmes numériques (Serato, Traktor, Virtual DJ...) c'est de pouvoir placer des points Cue, des repères qui permettent de déclencher la lecture du son à l'endroit précis où vous le souhaitez.

Généralement, les lecteurs CD permettent d'enregistrer au moins 3 points Cue pour chaque titre (il peut y en avoir bien plus sur certains modèles de lecteurs haut de gamme).

Ces marqueurs peuvent être enregistrés directement dans votre lecteur CD ou logiciel de Mix, ou encore sur carte SD ou clé USB (si votre lecteur CD le permet).

Ça peut être bien pratique (et vous faire gagner pas mal de temps) d'arriver en soirée avec tous vos points Cue prêts exactement comme vous le voulez !

Vous allez découvrir quelques idées pour utiliser vos points Cue de manière « inhabituelle »...

1/ Les points Cue pour accompagner un titre :

Choisissez un morceau à enchaîner, et lancez juste le 1er instrument (ou le 1er temps, ou encore la 1ère mesure) de façon à être calé sur le tempo de l'autre titre (celui qui est en cours de lecture pour le public).

Lorsque l'instrument a été joué, coupez la voie avec le fader ou le cross-fader.

Puis, relancez sa lecture grâce à la touche « Cue » (ou « Play » suivant votre matériel) au BON moment et avec le volume voulu (fader « ouvert » et potards des basses / médiums / aigus réglés pour le Mix).

Recoupez ensuite le volume de la voie, et répétez la manœuvre autant de fois que vous le souhaitez...

Exemple : sur de la Techno, jouer uniquement le 1er kick (qui est frappé sur chaque temps de la boucle) tous les 4, 8 ou 16 temps pour renforcer et redonner du punch au disque entendu par le public.

Vous pouvez vous servir de cette technique pour introduire votre titre entrant petit à petit avant de passer complètement dessus.

Une autre manière de faire joujou avec ces petits points Cue : utilisez-les comme si vous maniez un sampler.

Je m'explique : au lieu d'utiliser un morceau « classique » pour Mixer, créez-vous une banque de samples (voix, FX, scratch...) que vous pourrez lancer à tout moment, et surtout très rapidement.

Lâchez-vous : faîtes le marteau-piqueur avec vos doigts pour déclencher vos sons en rafales, par exemple pour simuler un roulement de cymbales de plus en plus rapide...

A cette vitesse, inutile de vous servir d'un fader pour couper le volume entre deux lectures du sample ! :-)

Dans le même genre, vous pouvez « découper » une mélodie qui dure normalement 16 temps en parties de 1, 2 ou 4 temps.

Cela peut vous servir par exemple pour introduire une mélodie connue, mais vous ne la jouez que partiellement : juste la 1ère mesure.

Vous mettez « l'eau à la bouche » de votre public avant d'enchaîner !

Si votre matériel DJ vous permet de scratcher et que vous avez envie de titiller votre cross-fader, lancez un sample de voix ou un FX, et appliquez des techniques de scratch pour découper tout ça (un Crab par exemple).

Les points Cue peuvent vous aider à scratcher en vous permettant de revenir au début du sample (qui peut durer plusieurs secondes) instantanément en 1 clic.

Vous gagnez du temps et vous obtenez des nouvelles possibilités de scratches, car vous maîtrisez la lecture du sample avec exactitude grâce au point Cue, et vous maîtrisez son volume avec le cross-fader à tout instant...

Et rien ne vous empêche de changer de points Cue PENDANT vos scratches...

Là, ça devient du jonglage ! ^^

2/ Les points Cue pour créer un Remix :

Pour aller encore plus loin dans l'exploration des possibilités du Mix digital, amusez-vous à créer des remixes improvisés en vous aidant de vos points Cue.

En les plaçant aux endroits « stratégiques » de votre morceau entrant (intro, break, « galop »), vous pourrez rejouer l'une de ses parties plusieurs fois de suite.

Vous pouvez vous aider des boucles (« loops ») lancées à la volée pour créer un motif rythmique répété, par exemples sur 4, 16 ou 32 temps.

Puis vous passez sur le début de l'intro grâce au 2ème point Cue, puis sur le début du break du disque 2, puis sur le solo du disque 1 rejoué 2 fois, puis vous enchaînez sur le début de l'outro du disque 2… … …

Bref, vous éclatez totalement vos tracks d'origine, et vous reconstruisez une nouvelle structure rythmique en temps réel !

C'est très technique, mais ça vous ouvre des possibilités énormes pour vos Sets !!

Ça ressemblerait plus ou moins à du pass-pass et du beat-juggling sur platines vinyles…

Pas évident ! ^^

3/ (+1) : Les points Cue pour vous sauver la vie :

Et oui, en cas de galère, les points Cue peuvent vous éviter une « croûte » due à un manque de temps.

Vous n'avez pas eu le temps d'enchaîner le titre suivant alors que celui en cours de lecture arrive à sa fin ?

Pas de problème : appuyez sur la touche « Cue » (ou « Play ») pour relancer ce même morceau à l'endroit que vous aviez choisi.

Essayez de rester calé sur le rythme quand vous lancez la manœuvre, et faîtes-le au BON moment (histoire de minimiser la casse !).

Bon normalement vous n'en avez PAS besoin de cette astuce, n'est-ce pas ?!! ;-)

Si vous mixez sur Serato Scratch Live (ou autre logiciel DJ), gérer vos repères Cue et vos boucles à la souris peut vite vous rendre dingue (vous n'avez pas forcément envie de « geeker » quand vous mixez !).

Vous pouvez vous faciliter la vie en utilisant un contrôleur de points Cue et de boucles comme le DICER de chez Novation.

Redécouvrez la Fonction Boucle pour Créer un Effet SURPRENANT dans Votre Mix !

Si vous Mixez sur platines CD ou avec un logiciel de Mix, vous pouvez répéter une partie plus ou moins longue d'un titre en boucle.

Cette option peut être très intéressante pour diverses manipulations pendant vos Mixes, et notamment pour créer un effet très particulier...

Explications :

1/ Qu'est-ce que la fonction « boucle » ?

La fonction boucle (aussi appelée « loop » en anglais) permet de générer à la volée (au moment que vous souhaitez pendant la lecture d'un titre) la lecture répétée autant de fois que vous voulez d'une partie d'un morceau, et cela sur une durée (c'est-à-dire un nombre de temps musicaux) que vous déterminez.

Vous pouvez alors répéter un motif qui s'étale sur 4 temps, 8, 16 ou encore 32 temps, mais aussi sur des durées bien plus courtes : un demi-temps (1/2), un quart de temps (1/4), 1/8, ...

Plus la boucle est calibrée sur un « timing » court ou serré, et plus le son s'accélère en faisant penser au bruit d'un marteau piqueur (si des kicks sont joués pendant la boucle), et dans les cas extrêmes on se rapproche d'un signal presque continu.

Généralement, vous avez des touches dédiées à cette fonction boucle sur votre lecteur CD ou dans votre logiciel de Mix (Virtual DJ,

Traktor...), par exemple : « loop in » (pour déclencher le début de la boucle », « loop out » (pour marquer la fin de la boucle », et des touches qui précisent la durée de la répétition (1/4 de temps, 1/2 temps, 1 temps, 4 temps, 16 temps...).

Si vous Mixez sur vinyles, malheureusement vous n'avez pas accès à cette fonction boucle.

L'alternative consiste à jouer des disques contenant une boucle infinie, mais la manœuvre à effectuer est bien différente (et vous ne pourrez pas appliquer l'effet dont je vais vous parler juste après :-/).

2/ Ce que vous pouvez faire avec la fonction boucle :

Selon votre créativité et votre agilité, vous pouvez vous servir de la fonction boucle pour :

– Répéter une outro plusieurs fois de suite pour la sortir du Mix, en fondu progressif au fader par exemple.

– Rallonger une séquence rythmique avant l'outro, afin de gagner du temps pour enchaîner le titre suivant (vous « grattez » du temps pour effectuer votre calage tempo).

Cela peut vous sauver d'une croûte...

– Répéter un passage vocal seul plusieurs fois de suite, en resserrant de plus en plus la répétition (c'est-à-dire en faisant évoluer la durée de la boucle de la plus longue durée vers la plus courte).

– Rallonger la durée d'un break, par exemple en le faisant passer d'une durée de 2 patterns (soit 2 phrases de 16 temps) à 4 patterns.

Ces astuces sont assez classiques, mais toujours intéressantes à appliquer.

Maintenant, voyons quelque chose de plus original...

3/ Comment utiliser la fonction boucle pour générer un effet particulier et « faire monter la pression » :

Pour cette technique, vous devez lancer une boucle de 32 ou de 16 temps sur une séquence rythmique, idéalement juste avant d'arriver à un break par exemple.

Quand votre boucle est activée, réduisez progressivement sa durée : 8 temps, puis 4, 2, 1, 1/2, 1/4... jusqu'au maximum que votre matériel vous le permet.

A ce moment-là, ce n'est plus du tout de la musique qui est jouée, mais un signal presque constant (je vous parlais tout à l'heure du « marteau piqueur » !), un peu comme un roulement de kicks très très serré.

Une rafale de beats en quelque sorte.

Vous pouvez alors aller plus loin en jouant avec le fader de pitch pour moduler la tonalité de l'effet : par exemple, vous pouvez commencer en montant le pitch progressivement (ce qui accélère la répétition de plus en plus), puis faites l'inverse : baissez le pitch à son minimum afin de ralentir le tout.

Lorsque vous sentez que votre public devient un peu nerveux (:-)), désactivez la boucle à la fin de sa lecture ET remettez de suite le pitch au même niveau qu'il était avant votre manipulation.

La musique reprend alors sa lecture de façon normale, au même tempo qu'avant la manœuvre, et en arrivant sur le début du break comme vous l'aviez prévu initialement.

Votre « montée en pression » est terminée, vous pouvez faire un gros sourire malin à votre dancefloor ;-)

>>> Technique avancée pour les DJs confirmés :

Quand votre boucle est lue avec un pitch très élevé, vous avez un signal presque continu, constant.

Laissez-le tourner, et jouez avec le fader ou le cross-fader pour vous amuser avec ce « FX » : vous pouvez le « scratcher » pour le découper plus ou moins rapidement, avec des Crab de plus en plus rapides par exemple, avant de relâcher la boucle pour arriver sur le break...

Pas évident, mais si vous arrivez à placer cette technique en public : RESPECT !! ;-)

Comment Utiliser les Effets de Filtre dans vos Sets de Façon CRÉATIVE

Dans les lignes qui suivent, vous allez découvrir ce qu'est un effet de filtre et comment vous en servir de façon créative pour agrémenter vos Mixes...

1/ Un effet de filtre, c'est quoi ?

Un « filtre VCF » (Voltage Controlled Filter) est un outil qui permet de supprimer une partie des fréquences d'un son, par exemple d'une musique ou de n'importe quel signal audio.

Il peut s'agir de couper les fréquences basses en dessous de 180 Hertz, les hautes fréquences au dessus de 5000 Hz, ou encore les fréquences situées en dessous de 3000 Hz ET au dessus de 6000 Hz en même temps par exemples.

Un « effet de filtre » est donc le rendu du son après avoir été traité par un filtre VCF et réglé selon certains paramètres précis (plus d'infos juste en dessous...).

Pour effectuer un effet de filtre, vous avez plusieurs possibilités : certaines tables de Mixage sont équipées d'un filtre VCF intégré (par exemple la Allen & Heath Xone 42), des logiciels de Mix ou de Live le permettent, ainsi que des boîtiers externes dédiés ou multi-effets.

Voici les differents paramètres à régler que vous pouvez trouver sur des filtres VCF :

– Fréquence de coupure (« frequency » en anglais) : la valeur de la fréquence à partir de laquelle le son sera coupé, soit au dessus, soit en dessous de cette valeur.

– Courbe (« curve » en anglais) : passe haut (ou high pass filter / HPF en anglais), passe bas (ou low pass filter / LPF en anglais), passe bande (ou band pass Filter / BPF en anglais).

Ces 3 types de courbes sont associées à un signe particulier.

D'autres types de courbes existent mais ils sont plus rares.

– Résonance : permet d'amplifier le son situé à la fréquence de coupure.

2/ Ce que vous pouvez faire avec les effets de filtre :

– Vous pouvez activer et désactiver rapidement plusieurs fois de suite l'effet de filtre en appuyant en « rafale » sur son bouton « on / off », par exemple 1 fois sur chaque temps musical.

Cela crée un effet de filtre « gaté », c'est-à-dire haché rapidement.

– Vous pouvez moduler l'effet de filtre progressivement en modifiant de façon continue l'un de ses paramètres (courbe, fréquence de coupure, résonance...).

Cela peut vous permettre de créer ou d'accentuer un « montée en pression », par exemple en fin de break, ou avant l'arrivée d'un nouvel instrument dans le Mix, ou encore du titre 2.

– Vous pouvez créer un manque en filtrant la musique au bon moment car d'un coup l'ensemble des instruments manquent de corps.

En faisant durer cette « torture » suffisamment longtemps, votre public va se mettre à crier car il veut le retour de la musique à son plein potentiel (c'est-à-dire avec tout son corps).

Mais attention, cette technique est délicate et à double tranchant, car si vous l'appliquez au mauvais moment ou trop longtemps, vous perdez toute la tension générée chez votre public, et là c'est l'échec !

>>> Exemple d'application de filtres pendant une transition :

Vous sortez le titre 1 du Mix avec un filtre passe haut qui part à 20 Hz et que vous montez progressivement jusqu'à 20000 Hz pendant 1 ou 2 boucles de 16 temps, et en parallèle vous faites l'inverse avec le titre 2 pour l'introduire dans le Mix : un filtre passe bas qui part aussi de 20 Hz et qui monte à 20000 Hz.

3/ Ce que vous devez faire et ce que vous ne devez pas faire avec les effets de filtre :

Voici 4 points à vous remémorer pour réussir vos effets de filtre :

– Vous devez absolument rester calé sur le tempo et sur la boucle de 16 temps quand vous appliquez un filtre.

Si vous faites durer un filtre passe haut pendant 13 temps musicaux par exemple, ça n'a pas de sens d'un point de vue structure musicale.

C'est-à-dire que ça ne correspond pas à ce que le compositeur aurait fait naturellement quand il a créé le morceau.

– Ne faites pas durer vos effets de filtre trop longtemps, sinon ils perdent leur intérêt car les auditeurs perdent le fil de la musique d'origine.

Si vous en appliquez progressivement, vous pouvez les faire durer jusqu'à 16 temps maximum (voire 32 temps exceptionnellement si vous êtes vraiment en train de construire une longue montée par exemple).

– N'abusez pas des effets de filtre dans votre set : vous connaissez d'autres techniques de Mix et effets sympas à placer, donc ne tombez pas dans le répétitif !

Évitez le « déjà vu », soyez original et créatif ^^

– Ne détériorez pas trop le son d'origine (ou alors vraiment pas longtemps) : le but n'est pas de passer un signal continu à la limite de l'inaudible !

Faites surtout attention aux aigus qui cassent les oreilles si vous poussez un filtre passe haut un peu trop fort (rappelez-vous que le public n'entend pas le même son sur le dancefloor que vous sur vos retours !).

Votre Set DJ : 3 Raisons PRÉCISES pour Lesquelles Vous ne DEVEZ PAS Abuser des Effets !

Suivant le type de matériel DJ que vous utilisez, vous avez accès à un choix plus ou moins vaste d'effets comme l'Echo, le Flanger, le Roll ou encore le Slice...

Ces effets peuvent être générés à partir d'un boitier externe (comme un Kaoss Pad de chez Korg par exemple), d'un processeur d'effets présent en interne dans votre table de Mixage, dans vos lecteurs CD, ou encore dans votre logiciel DJ (Virtual DJ, Traktor Pro...).

Bien que ces effets puissent agrémenter vos sets DJ de manière créative, on a (trop) vite fait de tomber dans l'overdose, et de les utiliser bien plus que nécessaire !

Voici pourquoi vous devez utiliser vos effets avec parcimonie dans vos sets DJ :

1/ Les morceaux de votre set DJ risquent d'être trop dénaturés :

Faites attention quand vous ajoutez des effets dans vos sets DJ, que ce soit pendant des mixes ou lorsqu'un titre est lu tout seul.

Souvent, rajouter un effet ne sert à rien d'un point de vue musical, et souvent ça risque de réduire l'authenticité du titre tel qu'il a été créé à l'origine.

Avec un logiciel comme Traktor Pro 2, vous avez à votre disposition une trentaine d'effets, et vous pouvez en cumuler trois en même temps…

Les possibilités offertes sont multipliées, surtout qu'à cela il faut ajouter différents réglages à ajuster pour chaque effet.

Toutes ces combinaisons potentielles ne sont PAS une raison pour balancer des effets à tout va : réfléchissez avant d'en utiliser un systématiquement.

Demandez-vous si ça va ajouter quelque chose de bien au morceau de base.

Est-ce que le compositeur aurait pu faire la même manœuvre lorsqu'il a créé le titre ?

Pourquoi ne l'a-t-il pas fait ?

Vous pensez faire mieux que ce qu'il a fait à tête reposée dans son studio et avec son savoir-faire ?

Ne faites plus les choses au hasard, mais avec rigueur et précision (oui, c'est facile à dire !) ;-)

2/ Les effets ne doivent pas servir à masquer des piètres transitions dans votre set DJ :

Si vous galérez pour caler le tempo par exemple, ne cherchez pas à masquer vos décalages en tartinant votre set DJ d'effets « lourds » comme un gros flanger, ou un gros filtre VCF, histoire d'essayer de passer au titre suivant de façon inaperçue…

Apprenez plutôt à maîtriser le calage tempo manuel, et focalisez-vous dessus pendant vos transitions.

Vous devez vérifier qu'il n'y a pas de décalage toutes les une à deux secondes (je sais, c'est difficile de le faire en même temps que de s'occuper du Mixage et de la gestion des volumes, mais bon...).

Même principe si vos titres ne se mélangent pas sans créer de conflit de tonalités : au lieu de tenter de faire passer la transition « de force » (vous ne ferez jamais de miracle de cette façon !), appliquez les bases du mix harmonique.

Si vous ne connaissez pas, vous allez voir c'est presque magique dans certains cas pour passer d'un titre à l'autre de manière complètement naturelle et fluide...

Tout au long de vos sets DJ, cherchez à « apporter de la valeur » en utilisant les effets à bon escient pendant vos transitions, plutôt que de vous en servir presque par défaut ;-)

3/ Répéter trop souvent les mêmes effets dans votre set DJ démontre un manque de créativité :

Si vous utilisez des effets dans vos sets DJ pour vous amuser à « traficoter le son », arrêtez !

Les gens du public vont vite s'en lasser, et ils vont probablement remettre en question votre capacité à innover en termes de techniques de Mix, d'originalité, et de créativité par rapport à d'autres DJs.

On voit par exemple énormément de DJs de tous niveaux – y compris des professionnels talentueux – se servir du filtre VCF des tables de Mix (genre Pioneer DJM 900 Nexus) de façon simpliste et très basique.

OK il est propre ce filtre, mais vous pouvez vous en servir d'une manière différente à chaque fois dans votre set DJ : en le combinant à un autre effet, ou en le « cuttant » au cross-fader par exemple... ;-)

Comment Mixer JUDICIEUSEMENT Sans ABUSER des Effets :

La première chose que vous devriez savoir à propos des effets en DJing c'est qu'il faut faire attention de ne pas en abuser...

Et c'est malheureusement une erreur courante, aussi bien chez les débutants qui découvrent comment mixer leurs premiers titres que chez des DJs plus confirmés.

Voici quelques bonnes pratiques pour utiliser les effets à bon escient :

1/ Comment mixer sans pourrir votre set avec des effets

Pour clarifier les choses, ici quand je parle d'effet, il s'agit des traitements que vous pouvez appliquer à votre son à tout moment sur 1 ou plusieurs voies.

Par exemples : rajouter du flanger, de l'echo, de la réverbération ou encore un « roll »...

Ces types de traitements sonores sont disponibles dans votre logiciel de mix (Traktor, Virtual DJ, Serato DJ...), via un boîtier d'effets externe (comme un Kaoss Pad de chez Korg par exemple), ou encore sur certaines tables de mixage.

Il ne s'agit donc pas de techniques de mix comme un motor-off, un wool-up ou des « cuts » aux faders.

Avant de voir comment mixer avec des effets pour en faire quelque chose de constructif et d'intéressant, je vous recommande clairement de maîtriser le mix sans effet !

(Le potentiel créatif est déjà assez riche comme ça !) ;-)

C'est-à-dire que vous devez déjà être capable de tenir un set complet et de faire danser votre public sans problème sans utiliser aucun effet.

Juste en vous servant des techniques DJ de base.

Et en vous concentrant sur des aspects bien plus importants comme le bon choix des titres, la précision des calages tempo, ou encore la fluidité lors des transitions.

Le problème avec les logiciels comme Traktor c'est que vous avez une énorme quantité d'effets à disposition, et que vous pouvez être trop facilement tenté de les utiliser sans bien connaître leur fonctionnement !

Cette erreur est classique chez les DJs débutants, et elle les détourne trop souvent de ce qui est primordial à maîtriser en premier lieu, dommage :-/

N'utilisez pas d'effet pour utiliser des effets ou pour montrer à votre public que vous êtes utiles derrière les platines (!), vous avez plus de chances de pourrir votre son que de l'améliorer !

Les auditeurs captent les surcharges d'effets, ça fatigue et ça lasse rapidement (surtout si c'est pour masquer des transitions douteuses) ...

2/ Comment mixer en utilisant des effets de manière pertinente :

Une fois que vous savez comment mixer correctement sans effet, vous pouvez commencer à en inclure dans vos sets avec parcimonie !

Au lieu de surcharger vos titres et vos transitions d'effets abusifs, sélectionnez judicieusement et intelligemment les moments et les passages sur lesquels les appliquer.

Une bonne règle à garder en tête : dans le doute, abstenez-vous ;-)

Si le compositeur n'a pas placé de delay à tel endroit, c'est sans doute qu'il y a une bonne raison ^^

L'idée c'est de valoriser vos ajouts d'effets pour que ça apporte quelque chose d'intéressant et d'utile par rapport aux titres d'origine !

Pour cela, vous devez bien connaître chaque effet potentiellement utilisable, comment il fonctionne, et à quel usage il est destiné à l'origine.

Certains traitements fonctionnent bien sur certains instruments ou passages, et donnent un rendu exécrable sur d'autres.

Si vous mettez une reverb profonde sur un passage rythmique, ça risque de le dénaturer et ce n'est pas un traitement « justifié » pour ces instruments.

Le rendu sera sans doute foireux !

Par contre une belle reverb sur un passage vocal peut déjà être plus ingénieux, par exemple pour mettre la voix en avant, pour lui donner de la valeur.

Essayez de vous mettre à la place du compositeur : qu'est-ce qu'il aurait fait pour mieux mixer son titre s'il était derrière les platines ?

Est-ce qu'il aurait appliqué un « beat repeat » en fin de boucle pour relancer l'intérêt ?

Un echo sur un solo de synthé ? ...

Une fois que vous savez comment mixer en utilisant le bon effet au bon moment, il vous reste à savoir le paramétrer correctement.

Faites en sorte d'éviter les conflits dans les fréquences basses (ou même dans les autres plages de fréquences).

Évitez d'obtenir toute forme de saturation ou de distorsion dégueulasse.

Apprenez à bien jauger la puissance de l'effet à appliquer pour qu'on l'entende bien mais sans que ça ne soit trop poussé...

Ajouter un sample dans un mix vinyl

Nous allons voir comment insérer un ou des samples dans un set aux platines grâce à un PC ou à un sampler.

Vous avez 2 solutions :

1/ Le sample provient de votre PC :

Dans ce cas vous le lancez dans votre logiciel (Winamp, Windows Media Player ou un logiciel plus sophistiqué) au moment voulu.

Attention à bien régler les différents volumes : pour la meilleure qualité, mettez le volume de votre logiciel à 100%, pareil pour le volume de sortie de votre PC, ensuite vous pourrez atténuer le volume sur la table de mix si nécessaire, mais au moins vous aurez gardé une bonne qualité de son dès le départ ;-) !

2/ Vous utilisez un sampler :

C'est une machine dédiée à l'enregistrement de samples et ça permet de les jouer quand on veut juste en appuyant sur une touche, ou de les jouer en boucle.

C'est plus ergonomique que le PC, plus sympa et vous pouvez rajouter des effets en temps réel sur vos samples...

Dans tous les cas, vous devrez faire rentrer votre source sonore (PC ou sampler) dans votre table de mix.

Soit vous avez une 3ème entrée ligne (« line ») de libre, soit vous devez utiliser une des 2 voies principales utilisées par vos platines vinyles en mode phono.

Dans ce cas, vous passez en mode ligne (phono c'est que pour les platines vinyl).

Pensez à régler le niveau du gain de votre entrée ligne avant de mixer : mieux vaut qu'il soit un peu faible quitte à le réhausser ensuite, plutôt que l'inverse (ça évite de détruire des oreilles et des enceintes ^^) !

Si jamais vous êtes en galère de bon matos (PC / sampler), vous pouvez toujours essayer avec un lecteur MP3, le principe reste le même.

Le plus dur sera d'avoir un bon timing au lancement du sample !

Dans tous les cas, réfléchissez bien au sample que vous voulez introduire : évitez tout ce qui se rapproche d'une rythmique car ça risque de ne pas être bien calé au niveau du tempo (sauf si vous faites un cut brutal sur le disque avant de lancer le sample !).

Vous pouvez vous amuser avec une accapella (voix seule), un son continu comme une nappe au synthé par exemple...

A vous d'être créatif !

Rendez vos Sets DJ UNIQUES en Utilisant des Samples A Cappella !

Vous allez découvrir un moyen simple et efficace pour donner une touche plus personnelle à vos sets grâce aux a cappellas...

1/ Un sample « a cappella », c'est quoi ?

C'est tout simplement un sample (un échantillon sonore) qui ne contient uniquement qu'une partie vocale : un chant, une voix (une parole par exemple, ou une phrase, ou encore un refrain...).

Ces samples n'intègrent absolument aucun instrument rythmique ou mélodique, ni son de fond ou FX...

Il peut s'agir d'une phrase de rap, d'une voix utilisée dans des morceaux de Dance Music, ou bien d'une chorale...

Un sample a cappella peut contenir la voix d'une seule personne comme les voix de tout un groupe qui chante simultanément.

2/ Comment trouver des samples a cappellas pour vos sets :

Sites pour télécharger des a cappellas gratuitement (vous devez créer un compte) :

– looperman.com

– deejayportal.com

– acapellas4u.co.uk

Sites pour télécharger des a cappellas payants :

– sounds.beatport.com

– djtunes.com

– traxsource.com

– vocaldownloads.com

Quand vous récupérez des a cappellas, vérifiez que les fichiers sont propres (pas de bruit de fond parasite par exemple) et de bonne qualité (si possible en wave, sinon en MP3 320 Kbits/s).

Respectez les droits d'auteurs quand vous téléchargez des oeuvres, que ce soit des samples ou des musiques entières, surtout si vous comptez les utiliser dans un cadre commercial ou professionnel !

3/ Comment intégrer des samples a cappellas dans vos sets :

Une fois votre sélection de samples a cappellas terminée, vous pouvez faire des tests en les intégrant dans vos Mixes de différents façons.

Par exemples :

– En « Cut sec » (une technique de Mix à appliquer en jouant avec les 2 faders, ou avec le cross-fader) : vous basculez franchement de votre titre en cours de lecture vers le sample a cappella (joué en solo), et vous revenez de suite sur le titre lorsque la voix est terminée.

Pour cette manœuvre privilégiez un a cappella court, d'une mesure (4 temps) maximum, afin de ne pas trop dénaturer le titre d'origine (et de ne pas perdre vos auditeurs).

– En superposition : vous jouez un a cappella par dessus une autre musique, ou par dessus une partie purement rythmique (afin de bien faire ressortir la voix).

Vous pouvez ainsi créer une version « hybride » du titre en cours de lecture (un « mashup »).

– En lecture simple (une fois, vous pouvez vous servir des points CUE si vous Mixez sur CD ou des MP3) ou répétée en boucle calée sur le tempo (si vous Mixez sur lecteurs CD ou avec un logiciel).

– En scratchant la voix présente sur le sample a cappella, par exemple pendant une partie rythmique, ou encore en fin d'un break pour créer une « montée en pression ».

– Vous pouvez amorcer la lecture d'un titre connu en intégrant son a cappella dans le Mix qui précède l'introduction de ce titre.

Cela vous permet de « chauffer » votre public, de lui mettre l'eau à la bouche juste avant de jouer le titre en question ;-)

Vérifiez bien la durée de vos samples a cappella avant de les Mixer, afin de savoir en avance comment et pendant combien de temps vous allez les faire intervenir.

Cela dépend du tempo de votre style musical : à vous d'anticiper en fonction de celui-ci.

Par exemple : un sample a cappella d'une seconde ne durera pas le temps d'une boucle de 16 temps (un « pattern »), donc vous pouvez le lancer soit en tout début de la boucle, soit sur la dernière mesure de 4 temps (par exemples).

L'idée c'est d'intégrer l'a cappella de façon la plus naturelle possible dans votre Mix.

Choisissez aussi vos a cappellas de manière à Mixer Harmoniquement : la voix a été prévue pour être chantée sur une musique d'une tonalité bien précise, à vous de respecter cette cohésion afin d'éviter tout conflit !

Attention donc au tempo d'origine de l'a cappella : si vous le changez, sa tonalité change aussi !

Exploitez (PLEINEMENT) votre Mixer DJ 4 Voies avec ces 4 Concepts CRÉATIFS :

Avez-vous un mixer DJ 4 voies, ou comptez-vous en acheter un prochainement ?

Qu'il s'agisse de table de Mixage « classique » ou de contrôleur USB avec 4 voies, ce type de matériel offre de grandes possibilités pour enrichir votre façon de Mixer, pour élargir votre éventail de techniques, et pour devenir bien plus créatif et innovant dans vos sets !

Le fait de pouvoir jongler sur plusieurs voies en parallèle sans avoir à basculer d'un mode phono / line / USB à l'autre à chaque fois vous permet de travailler avec différents supports et sources sonores différentes...

Explications :

1/ Servez-vous de 3 ou 4 platines grâce à votre Mixer DJ 4 voies :

Vous pouvez Mixer titre après titre sur 3 ou 4 platines CD (ou avec un contrôleur MIDI 4 voies et un logiciel de DJing proposant 4 decks) : en utilisant par exemple des points CUE (et éventuellement des boucles) enregistrés au préalable, vous pouvez enchaîner les titres à vitesse grand V, car vous pouvez prendre de l'avance sur la suite.

Quand votre morceau 1 est en cours de lecture, votre morceau 2 est déjà prêt à être lancé de la même manière que pour un Mix en 2 voies (point CUE calé, gain est EQs réglés...), mais votre morceau 3 est lui AUSSI prêt à être joué !

Vous pouvez aller encore plus loin en anticipant votre morceau 4 (uniquement si vous êtes sûr des titres que vous allez passer).

Tout cela est aussi possible avec des platines vinyles, mais c'est plus technique car les repères (l'équivalent des CUES) ne peuvent pas être enregistrés en avance, cette configuration est donc bien plus rare !

Dans un autre ordre d'idée, vous pouvez Mixer en même temps sur 3 ou 4 voies : cela devient bien plus complexe et fonctionne mieux avec des styles épurés en instruments, sinon c'est la surcharge assurée !

Il est possible de ne jouer que le kick et la ligne de basse sur la voie 1, une rythmique composée d'un clap et d'un hit-hat sur la voie 2, un FX d'accompagnement ou uplifter pour créer des montées sur la voie 3, et d'un sample vocal (acapella) sur la voie 4.

Suivant votre matériel DJ, vous pouvez utiliser votre table de Mixage en mélangeant différents supports : deux platines CD + deux platines vinyles, deux platines vinyles + deux decks d'un logiciel, deux platines CD + deux remix decks de Traktor...

Mais vous pouvez aussi n'utiliser que 2 ou 3 voies pour Mixer, et garder une ou des voies de secours en cas de défaillance du mixer (bouton d'un potard qui s'est échappé, fader inutilisable...) ;-)

2/ Réservez une voie de votre Mixer DJ à la lecture de samples ou de FX :

Vous n'êtes pas obligé d'utiliser toutes les voies de votre table de Mix pour jouer des titres de manière classique : vous pouvez aussi vous dire que telle voie sera réservée à la lecture de samples ou de FX externes aux titres (uplifters, acapellas, sons d'ambiance à ajouter en fond, intros, DJ drops...).

Pour cette voie, vous pouvez fonctionner avec un lecteur CD, un ordinateur avec un logiciel de DJing ou un sampler / launchpad virtuel, un sampler physique, un boitier d'effets...

Si vous comptez scratcher pendant votre set : idem, vous pouvez utiliser une 3ème platine à votre configuration DJ de base qui ne vous servira qu'à scratcher, et sans jamais venir empiéter sur le reste du Mix ;-)

3/ Dédiez une voie de votre Mixer DJ à un « noise » :

Certains Mixers DJ incluent des effets, et notamment le « noise » qui est une sorte de bruit continu (ça ressemble au bruit émis par une télévision quand elle ne capte pas de signal et qu'elle affiche de la « neige »).

C'est le cas par exemple de la Pioneer DJM-850.

L'idée dans ce cas c'est d'envoyer ce noise sur une voie dédiée dont vous ne vous servez pas pour Mixer.

Vous pouvez alors jouer avec ce noise à n'importe quel moment de votre set, en gérant son volume au fader, sa plage de fréquences avec les EQs, vous pouvez lui rajouter un effet et / ou un filtre VCF (si votre table de Mix le permet), le « cutter » plus ou moins rapidement au cross-fader...

4/ Attribuez une voie de votre Mixer DJ à un launchpad :

Si vous souhaitez ajouter un launchpad à votre configuration DJ (comme une Mashine MK2, une MPC ou encore un MIDI Fighter pour faire du « finger drumming »), vous pouvez, là aussi, attribuer une voie de votre mixeur spécialement pour ce matériel.

Encore une fois, l'idée c'est de ne pas gêner votre façon de Mixer de base (avec deux platines par exemple), et de préserver un certain confort rendu possible par les 4 voies :-)

4 Astuces « Anti-croûte » pour Sauver un Mix !

Une « croûte », qu'est-ce que c'est ?

Ce que j'appelle une « croûte » c'est tout simplement le fait de ne pas avoir réussi à enchaîner le disque entrant assez vite, ce qui peut induire soit un silence, soit une transition minable.

Que vous soyez DJ débutant ou confirmé, vous allez forcément y passer un jour ou l'autre !

Une croûte peut arriver pour plusieurs raisons :

– vous avez mis trop de temps à rechercher le disque suivant dans votre bac,

– quelqu'un est venu vous parler un peu trop longtemps pendant votre set,

– vous n'étiez pas assez concentré pour arriver à caler le tempo de vos deux disques,

– vous avez mis trop de temps pour faire l'aller retour aux toilettes pendant votre set,

– ou encore une bombe anatomique qui se dandine sur le dancefloor vous a rendu moins attentif à votre musique que nécessaire ^^.

Solution 1 : le disque de secours :

Prévoyez un disque de secours toujours à portée de main (c'est-à-dire en dehors de votre bac ou clairement à part) avant de jouer votre set.

Son intro devra être assez longue et sans rythmique, afin que la différence de tempo non calé ne soit pas trop contraignante.

Le but c'est que vous puissiez mettre ce disque rapidement sur votre platine, et lancer sa lecture immédiatement à plein volume : vous réajusterez ensuite son gain, ses volumes de basses / médiums / aigus, ainsi que son tempo éventuellement.

Solution 2 : la boucle éternelle :

Sur lecteur CD ou MP3 : créez une boucle de 16 temps – soit 4 mesures – (par exemple) en live sur le disque sortant, si possible sur une partie assez « neutre » (une partie rythmique par exemple) de manière à ce que les danseurs ne s'aperçoivent pas tout de suite qu'il s'agit d'une boucle.

Cela vous fera économiser du temps pour vous laisser introduire votre disque entrant dans le mix.

Vous pouvez créer une boucle et la faire se répéter plusieurs fois avant de repasser en lecture normale, puis vous pouvez recréer une deuxième boucle si nécessaire.

A vous de voir en fonction du temps qu'il vous reste...

Solution 3 : le FX venu de nulle part :

Prévoyez un son qui permette de faire une transition, par exemple une nappe d'un synthé ou un « signal » / FX qui évolue sur 2 voire 3 minutes.

Vous devez pouvoir lancer ce son de secours n'importe quand au volume nominal.

Vous pouvez éventuellement lui dédier une entrée « Line » sur la console de mixage.

Pour le jouer, utilisez un sampler soit en machine physique, soit un sampler dans un logiciel de MAO, comme Fruity Loops par exemple.

Si vous mixez sur des logiciels comme Virtual DJ ou Serato, vous pouvez déclencher la lecture d'un FX depuis le logiciel.

Solution 4 : le Reverse improvisé :

Lorsqu'il arrive sur sa fin, passez le disque sortant à l'envers le temps d'introduire le titre suivant.

Sur certains lecteurs CD, vous pouvez lire le morceau en sens inverse instantanément ou avec un petit temps de freinage puis d'accélération dans l'autre sens, comme sur une platine vinyle.

Certaines platines vinyles permettent cette lecture inversée grâce à un bouton dédié : dans ce cas-là, vous n'avez qu'à appuyer dessus au bon moment.

Si votre platine ne dispose pas de cette option, vous pouvez « rembobiner » lentement votre disque, un peu comme si vous faisiez un « wool-up » (ou « spin-back ») mais en beaucoup plus soft et plus lent.

Si votre platine permet de lire la musique même si le moteur est éteint (comme sur les Technics mk2), vous pouvez mettre le moteur sur off de manière à faciliter votre manœuvre de lecture inversée manuelle.

Le problème dans cette situation c'est que vous avez une main occupée pour exécuter la manœuvre, ce qui rend plus difficile le passage au disque suivant...

5 Techniques DJ qui peuvent Radicalement vous SAUVER d'un Ratage de Transition :

Si vous débutez en DJing et que vous ne maîtrisez pas encore totalement le calage tempo, vos enchaînements pour passer d'un titre à l'autre ont de grandes chances d'être approximatifs et mal gérés...

Voici des idées de techniques de transitions qui ne nécessitent pas d'avoir les tempos parfaitement synchronisés.

Ces techniques DJ peuvent vous être utiles aussi pour passer d'un style musical à l'autre s'ils ont des tempos trop différents pour être calés, ou encore pour faire un « saut » de tempo (par exemple pour passer d'un coup de 150 à 160 BPM)...

1/ Technique DJ n°1 : Le « Wool-up » (aussi appelé « Spin-back ») :

Il s'agit de « rembobiner » très rapidement le vinyle ou le CD (si la platine CD est munie d'un jog wheel), et d'obtenir un effet de forte accélération de la lecture inversée du titre.

Le top c'est de lancer votre « Wool-up » juste avant que le titre n'arrive sur un break ou sur son outro, et pensez à baisser le volume des basses juste avant pour éviter que ça ne « monte dans le rouge » ;-)

Vous pouvez alors lancer votre titre 2 sur le début d'une boucle rythmique, sur le début d'un break, ou encore sur le début de son intro...

2/ Technique DJ n°2 : Le « Motor off » (ou extinction du plateau d'une platine vinyle) :

À l'origine, il s'agit d'une technique DJ qu'on peut appliquer sur certaines platines vinyles (les fameuses Technics SL 1200 mk2 par exemple) : en coupant l'alimentation de la platine, le signal audio continue d'être transmis vers la table de mixage alors que le moteur est éteint.

On a alors cet effet de ralentissement progressif de la vitesse de lecture du titre, jusqu'à son arrêt total.

Bien placée, cette technique peut attirer l'attention du public, et peut permettre d'introduire une intro ou un break du titre suivant facilement ;-)

Certaines platines CD et certains logiciels DJ sont équipés de cette fonctionnalité qui peut – ou non – être paramétrable (pour allonger ou raccourcir la décélération).

3/ Technique DJ n°3 : Appliquer un filtre VCF sur l'un des deux titres, ou sur les deux en parallèle :

Cet effet de filtre est présent sur certaines tables de Mixage, et sur plusieurs logiciels de Mix.

Vous pouvez l'appliquer progressivement sur le titre sortant et / ou sur le titre entrant dans le Mix, pendant au moins une boucle de 16 temps.

Évitez d'appliquer cette technique sur des passages rythmiques, car le décalage tempo resterait audible, même en filtrant sévèrement :-/

4/ Technique DJ n°4 : Le « Cut sec » :

Il s'agit de couper de façon sèche le volume du titre 1 (avec le fader de voie, ou le cross-fader), et de lancer de suite la lecture du titre 2 à l'endroit voulu (par exemple au début d'un break).

Cette technique fonctionne bien sur certains styles de musiques « breakés », en Hip-Hop par exemple, mais pas sur des styles plus « progressifs » comme de la Trance.

5/ Technique DJ n°5 : Sortie du titre 1 en fondu progressif et entrée du titre 2 sur une voix jouée en solo (ou l'inverse) :

Vous pouvez jouer avec les faders des voies, ou avec le cross-fader en mode progressif, pour passer d'un titre à l'autre.

L'idée c'est d'appliquer cette technique lorsqu'une voix est jouée / chantée en solo sur l'un des titres, de manière à ce que le décalage tempo éventuel ne soit pas trop audible.

> Remarque :

Beaucoup de DJs font l'erreur de ne pas travailler leur calage tempo manuel « à l'oreille », et préfèrent utiliser la touche SYNC présente sur les logiciels de Mix, mais cette fonctionnalité n'est pas fiable à

100%, et surtout elle vous fait passer à côté d'un élément essentiel à maîtriser quelque soit votre style musical : la gestion du tempo !

4 Moyens Originaux d'Utiliser les Boucles Infinies sur Disques Vinyles

Sur les disques vinyles, il est possible de graver et de lire des « boucles infinies » (aussi appelées « sillons fermés » ou « locked grooves » en anglais), c'est-à-dire un motif simple qui sera répété régulièrement et de façon constante pendant la lecture.

Le sillon du vinyle n'est pas gravé en « spirale » comme c'est le cas pour un morceau habituel, mais il est gravé en « revenant sur lui-même ».

L'aiguille de la tête de lecture revient alors au début du motif (instrumental, FX, vocal...) automatiquement lorsqu'il est lu, le sillon se « refermant » sur lui-même.

Lors de la lecture d'une boucle infinie, le tempo et le rythme restent parfaitement constants : le motif a été créé en suivant des contraintes précises qui permettent d'obtenir cette boucle infinie (133,33 BPM devant être lu à 33,3 RPM).

Voici 4 utilisations possibles des sillons fermés :

1/ Les boucles infinies pour apprendre le DJing :

Si vous débutez dans le DJing et que vous ne maîtrisez pas encore bien le calage tempo, vous pouvez vous servir de boucles infinies pour vous exercer sur de la « matière » répétitive aussi longtemps que vous en avez besoin.

Attention à bien choisir les boucles avant d'acheter vos disques vinyles car vous devrez utiliser des boucles infinies dont le tempo correspond à peu près à celui de votre style musical !

Si vous mixez du Hardcore à 200BPM et que vous vous retrouvez avec des sillons fermés aux rythmiques hip-hop, ça ne va pas vraiment vous aider !

Donc prenez le temps qu'il faut pour bien choisir vos vinyles de boucles avant d'acheter quoi que ce soit ;-)

Dans le même genre d'idée, pour apprendre à scratcher en restant calé sur un tempo donné, utiliser des sillons fermés vous permet d'enchaîner vos essais de scratches aussi longtemps que nécessaire.

En éliminant la limite de temps de lecture que vous auriez avec un morceau « classique », vous pouvez vous focaliser uniquement sur vos techniques et manipulations manuelles !

2/ Profiter d'une boucle infinie pour faire une pause lors d'un Set :

Vous pouvez lancer la lecture d'un sillon fermé et en profiter pour aller pisser en urgence.

Cette astuce est à utiliser en DERNIER RECOURS, si vraiment vous n'avez pas de disque à passer qui soit suffisamment long pour tenir le temps de votre pause !

C'est juste histoire de dire que le son ne se coupe pas pendant votre absence...

En cas de galère, lancer une boucle infinie pendant votre set vous permet d'aller chercher le matériel de Mix qui vous manque, et dont vous avez besoin en URGENCE (une cellule de remplacement par exemple, ou un CD particulier...).

Même chose si vous avez besoin de demander de l'aide à quelqu'un immédiatement (par exemple : demander à la personne qui gère la sono de procéder à une légère correction des fréquences aiguës pendant que vous mixez).

3/ Se servir des sillons fermés comme « matière » pour votre set :

Mixez des boucles infinies entre elles et créez un Mix basé sur plusieurs sources sonores (par exemple : plusieurs sillons fermés + des samples scratchés supplémentaires...).

Plus vous avez de platines vinyles à disposition, et plus vous pouvez « cumuler » les lectures de boucles infinies, et jongler avec...

Les sillons fermés peuvent vous éviter des « croûtes » (lorsque vous n'avez pas eu le temps d'enchaîner le morceau suivant) : certains titres « normaux » se terminent par une boucle infinie...

Un coup de pouce qui peut littéralement vous sauver la vie lorsque vous jouez en public, surtout si vous débutez dans le DJing !

Certains artistes créent des boucles infinies prévues pour engendrer un larsen.

A vous d'en tirer parti à votre façon !

Enfin, vous pouvez vous servir des sillons fermés comme samples pour agrémenter vos Mixes, par exemples pendant un break ou un solo...

4/ Utiliser des boucles sans fin pour jouer à plusieurs :

Faire appel à une boucle infinie bien choisie peut être utile pour passer d'un DJ (ou « liveur ») à l'autre.

Si le style et le tempo du motif de la boucle correspondent aux styles joués par les 2 DJs, la transition peut se faire facilement et de manière quasiment transparente pour le public.

L'avantage dans cette situation c'est que les DJs ont le temps de se passer le relais pendant que la boucle est lue indéfiniment pour le public.

Le DJ entrant peut donc s'installer sereinement pour commencer à jouer...

Mixer à plusieurs ça peut être sympa, et les sillons fermés peuvent vous y aider.

Avec au moins 2 platines vinyles par DJ, il est plus facile de se synchroniser avec des boucles qu'avec des morceaux normaux : vous n'êtes pas limité ni contraint par leur évolution dans le temps !

3 Pistes pour Débuter en Scratch Facilement

Si vous débutez en Scratch (ou « Turntablism » en anglais), ceci va vous aider à faire vos premiers pas facilement.

1/ Qu'est-ce que le Scratch et quelle est son utilité pour un DJ ?

Scratcher consiste à se servir des disques vinyles (ou de titres en CD, en MP3...) un peu comme s'il s'agissait d'instruments de musique.

Au lieu de laisser le disque tourner constamment et à vitesse normale, le DJ contrôle la lecture du son en permanence avec sa main posée sur le vinyle.

Il peut donc lire le son dans le sens normal (mouvement de la main de l'arrière vers l'avant), ou l'inverse : lire le disque de sa fin vers son début (mouvement de la main de l'avant vers l'arrière).

La vitesse d'exécution de la manœuvre va directement influencer la hauteur du son lu (la tonalité) : plus la vitesse de lecture augmente, plus la tonalité monte, et vice-versa.

Manier la lecture du son est une chose, en contrôler le volume en est une autre : l'autre main du DJ gère le volume de lecture avec le cross-fader (la plupart du temps).

En combinant les possibilités de lecture du son (vitesse, sens, fréquence...) et de la gestion du volume (coupures nettes, progressives ou répétées...), le DJ peut littéralement créer de la musique en temps réel.

Par exemple, il peut laisser tourner une instru Hip-Hop et scratcher des samples (échantillons) de voix par dessus, en s'adaptant au rythme de l'instru pour l'accompagner « naturellement ».

L'avantage de maîtriser des techniques de Scratch c'est que vous pouvez agir comme vous le souhaitez en temps réel.

Contrairement à la lecture d'un morceau dont l'arrivée des instruments est pré-formatée – immuable – , le Scratch vous permet de faire intervenir les sons (samples, FX, voix...) :

– que vous souhaitez intégrer dans le Mix (pour accompagner, « gonfler » un peu le son, ou créer un effet particulier...),

– au moment où vous le souhaitez (dans un break, pendant une intro uniquement, en fin de pattern...),

– avec la fréquence de répétition que vous souhaitez (par exemple : scratcher à chaque début de mesure),

– avec le volume que vous souhaitez (vous le gérez à votre convenance via la table de mixage),

– en ayant la possibilité de les « sortir du Mix » quand vous le souhaitez.

2/ Par où commencer le Scratch ?

Au niveau du matériel DJ, il vous faut au choix :

– Une paire de platines vinyles avec un moteur assez puissant, par exemple les Technics SL-1200 mk2 (ou des platines équivalentes).

– Une configuration numérique de type Serato / Traktor, dont les fichiers MP3 sont contrôlés par les platines vinyles.

– Une paire de lecteurs CD qui permettent de scratcher.

Dans le meilleur des cas vous avez un plateau qui simule un disque vinyle, sinon vous disposez d'une molette (« jog-wheel »).

Chacune de ces solutions a ses avantages et ses inconvénients.

Si vous êtes sur vinyles, facilitez-vous la vie en plaçant vos platines en mode « Battle ».

Si vous ne scratchez que sur une seule platine, vous pouvez les placer en « L » (une platine en mode « Battle » et l'autre en mode « Mix »).

Vous pouvez alors scratcher sur la platine de gauche placée en mode « Battle » (par exemple) et lire une boucle infinie (« sillon fermé » ou encore « locked-groove ») sur la platine de droite (placée normalement avec son bras à droite).

Le disque 1 (platine de gauche) contient des samples de voix (des extraits de films français, des vocals anglophones courts...), nickels pour scratcher par dessus le motif du disque 2 (platine de droite) répété indéfiniment.

En appliquant cette astuce, vous pouvez prendre tout votre temps pour vous exercer à scratcher en restant synchronisé avec un rythme constant.

Concernant la table de mixage, moins d'inquiétude à avoir si vous en possédez déjà une pour mixer Techno, D'n'B ou Gabber : les options primordiales pour scratcher y sont peut-être présentes.

Le cross-fader est disponible sur tous les modèles habituels, et certains permettent de régler sa courbe.

Cette option est particulièrement intéressante, car vous pouvez alors vous servir du cross-fader pour faire « on / off » sur la lecture du son, en réduisant au maximum son temps de déplacement pour faire rentrer et sortir une voie.

Enfin, sachez qu'il existe des disques spécialement conçus pour les scratcheurs enflammés (ou débutants !) : les vinyles « Skipless » (ou « Skipproof ») permettent d'encaisser un (petit) saut de cellule sans que la lecture du son ne se décale !

Grâce à un procédé de gravure spécifique, le son (qui ne dure que 1,8 secondes pour que ça fonctionne) est « dupliqué » sur plusieurs sillons voisins, de telle sorte que si la cellule saute elle retombe au même endroit dans le son.

3/ Ressources pour démarrer en Scratch

Voici quelques disquaires où vous pourrez trouver des « breakbeats » (les vinyles conçus pour le Scratch – aussi appelés « DJ Tools » ou encore « Scratch Tools » – qui contiennent des samples de voix, des instrumentaux ou les deux à la fois) :

> AstroFonik.com

> hiphopvinyls.com

> brigade97kat.com

Comment Réussir vos « Back to Back » à TOUS LES COUPS !

Si vous avez l'habitude de Mixer en solo, dites-vous que c'est aussi possible à plusieurs.

On appelle ça le « Back to Back« , explications :

1/ Le « Back to Back », c'est quoi ?

Il s'agit de Mixer en duo : chaque DJ passe un titre puis laisse la place à son collègue.

Celui-ci Mixe son titre par dessus le morceau du 1er DJ, puis lui laisse la place aux platines, et ainsi de suite…

Le Back to Back est aussi appelé « Ping-pong« , et peut faire intervenir deux DJs qui Mixent au tempo ou qui scratchent.

Si vous n'avez jamais essayé, je vous le recommande vivement, car ça permet d'instaurer une bonne ambiance entre les DJs, et pas mal de convivialité quand vous jouez en public.

2/ Les différentes variantes du Back to Back :

Vous pouvez varier les plaisirs en changeant le nombre de titres joués par DJ à chaque fois, par exemples : 2, 3 ou 4 morceaux (limitez quand même ce nombre pour ne pas avoir à attendre trop longtemps avant de repasser aux platines ^^).

D'autres variations sont possibles comme :

– Un DJ Mixe normalement et l'autre rajoute des effets en temps réel grâce à la table de Mixage ou à un muti-effets externe (physique ou logiciel).

– Chaque DJ joue pendant 30 minutes à tour de rôle.

– 3 DJs ou plus peuvent s'enchaîner les uns après les autres (limitez quand même le nombre de DJs qui jouent pour que chacun puisse en profiter un minimum !).

– Un DJ qui Mixe sur platines peut jouer par dessus le Live d'un producteur (on peut appeler ça un « Battle » aussi).

3/ Quelques astuces pour assurer vos back to back :

Vous pouvez définir le style et le tempo des premiers morceaux à jouer avec vos collègues DJs, et comment va évoluer le Back to Back.

Par exemple : en augmentant le tempo petit à petit, ou en passant vers des styles de plus en plus « énergiques ».

Vous pouvez vous faciliter le boulot d'improvisation en préparant 3 ou 4 titres d'avance, qui sont potentiellement Mixables avec les morceaux en cours de lecture.

Restez à proximité des platines lorsque c'est votre collègue qui Mixe pour ne pas vous faire sauter votre tour (l'expérience parle :-/) !

Profitez des back to back pour peaufiner vos techniques de Mix en vous inspirant de celles de vos collègues DJs avec qui vous jouez !

Le Back to Back est un bon exercice car vous devez Mixer sur des titres que vous ne connaissez pas forcément (ceux de vos collègues), ce qui développe votre capacité à improviser et à vous adapter !

Mixez en DUO : Présentation du Battle Live + Mix Vinyle

Depuis quelques années, j'expérimente avec mon ami KalbO une approche du DJing qui nous permet de jouer à deux en même temps.

Nous avons appelé ça le « Battle » , voici de quoi il s'agit...

1/ Le Mix en Battle, comment ça marche ?

KalbO fais du « Live » en utilisant un logiciel de studio virtuel (Fruity Loops) et un contrôleur USB (APC 40) pour lancer ses boucles, samples et FX.

Son Set (ou son « Live ») peut durer entre 40 et 80 minutes, pendant lesquelles il va faire évoluer ses séquences rythmiques et mélodiques au fur et à mesure.

Pour ma part, je Mixe sur platines vinyles, et l'idée pour jouer une « prestation » en duo est la suivante :

– Il joue son Live normalement, en prenant son temps, et en évitant de surcharger d'effets.

Son fichier de Live est un peu comme le « maître » du jeu, notre fil conducteur si vous préférez.

C'est le Live qui impose son tempo pour toute la session en duo, et c'est lui qui gardera (presque toujours) le volume le plus présent, le plus audible.

– De mon côté, j'utilise une platine vinyle et la table de Mixage pour Mixer des morceaux avec son Live.

Ces titres sont joués l'un après l'autre, le laps de temps entre deux galettes étant dédié à 100% au son du Live.

Autrement dit, le Live est joué « en solo » pendant quelques minutes, puis je le Mixe avec un titre en vinyle, pour finalement repasser à 100% sur le Live. Et ainsi de suite...

2/ Pourquoi Mixer en Battle ?

Déjà, vous avez une certaine complicité qui se créé, du fait de jouer à deux en même temps.

Vos échanges réciproques vous donnent des idées pour faire évoluer votre session, ou pour améliorer votre prestation dans son ensemble.

Vous pouvez faire des choses à deux que vous ne pourriez pas faire tout seul (c'est un peu con à dire :-) , mais c'est particulièrement vrai dans les duos Live + Mix platines) !

Vous progressez en vous échangeant des astuces et en vous inspirant de la discipline de l'autre (par exemple, si vous ne Mixez que sur lecteurs CD, la compréhension du fonctionnement du Live va vous aider et vous enrichir).

Si vous n'êtes pas à l'aise pour Mixer en public, vous pouvez jouer à deux en Battle avec l'un de vos potes Liveur.

Cela peut permettre de vous déstresser l'un et l'autre, car à tout moment si l'un se plante ou a un soucis quelconque, l'autre peut prendre le relais immédiatement.

Par exemple, si vous Livez et que vous avez besoin de passer d'un fichier à l'autre pendant votre session (ce n'est bien sûr pas l'idéal !), votre collègue aux platines peut enchaîner plusieurs morceaux le temps que vous effectuiez votre manœuvre ;-)

>> Une petite astuce pour les DJs débutants :

Vous pouvez vous entraîner à caler le tempo en Mixant sur un Live pré-enregistré (que vous lisez dans un lecteur MP3 ou Winamp).

L'avantage c'est que le tempo est parfaitement fixe et constant (90% des Lives ont un tempo qui ne change pas du début à la fin), et l'artiste qui a créé ce Live s'est sans doute aligné sur des mesures en 4/4 (des boucles de 16 temps, le standard en musique Techno).

Si vous voulez essayer, voici la démarche à suivre :

- Allez sur internet et trouvez 3 Lives téléchargeables dans le style musical que vous avez l'habitude de Mixer.

Vérifiez que leur tempo ne varie pas (si c'est le cas ce n'est pas dramatique, pas de panique ;-)), que leur volume est constant du début à la fin (cela vous aidera pendant votre Mix « Battle »), et que la qualité sonore soit la meilleure possible.

- Faites le câblage nécessaire sur votre table de Mixage pour faire rentrer le Live sur une voie incluant les potards de basse / médium / aigu ainsi qu'un fader (comme s'il s'agissait d'un lecteur CD que vous utiliseriez pour Mixer).

Lancez la lecture du Live pendant un passage riche en instruments, et calibrez le gain de sa voie sur la table de Mixage : objectif 0 décibels sur le VU-mètre ;-)

- C'est parti !

Choisissez un titre de votre collection qui collerait bien avec le passage du Live en cours de lecture.

Vous pouvez prendre tout votre temps pour caler le tempo : vous ne risquez pas de faire une « croûte », le Live durant plusieurs dizaines de minutes ! ;-)

3/ Quelques conseils pour vos duos Live + Mix :

Faites-vous plaisir avant toute chose ! Inutile de le préciser :-)

Si c'est vous qui Mixez sur platines, évitez de prendre le dessus avec votre titre en vinyle / CD / MP3 en terme de volume par rapport à celui du Live.

Quand vous Mixez, vous pouvez bien sûr jongler du Live au morceau et vice-versa, triturer les potards des 2 voies à volonté et bien vous amuser (!), mais ne perdez pas de vue votre fil conducteur : le Live !

Et celui-ci évolue en permanence, donc évitez de Mixer des passages de vos titres pendant trop longtemps.

Enfin, enregistrez vos Mixes en duo, vous pourrez les réécouter à tête reposée, et les faire tourner sur le web si vous en êtes satisfait ;-)

> ALLEZ PLUS LOIN :

Pour maîtriser les bases fondamentales du calage tempo « à l'oreille » facilement, et pour découvrir d'autres techniques de mix originales, téléchargez (gratuitement) votre Pack de Bienvenue :

La-guerre-des-potards.com/Livre

Vous y trouverez, entre autres, une méthode étape par étape pour arriver à caler vos tempos à tous les coups, quelque soit votre matériel de mix ou votre style musical ;-)

3- CRÉATION DE SETS DJ & MIX HARMONIQUE

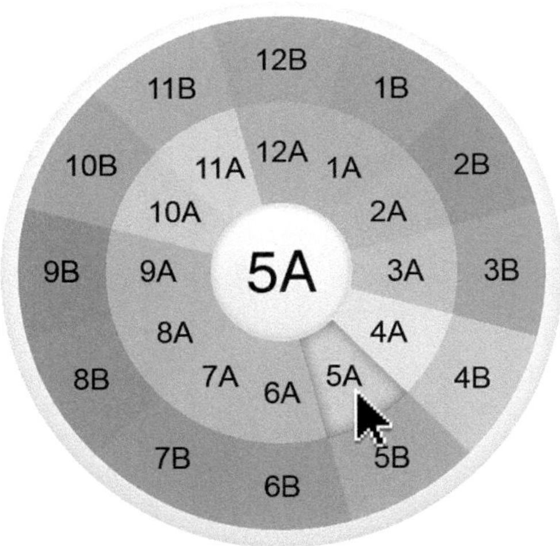

Qu'est-ce qu'un « set » ?

Un set c'est la prestation d'un DJ, c'est une suite de mixes de disques dans une continuité et qui peut durer 30 , 45 min, 1H30…

Un set est généralement composé de disques d'un même genre musical, par exemple un set hardcore, techno ou trance, car ça permet d'éviter des mixes trop « acrobatiques » :) .

Plus les tracks seront proches au niveau de leur style, de leur tempo ou de leur gamme, et plus le set sera homogène et facile à jouer.

Certains DJs font évoluer leur set en changeant volontairement de style musical.

Par exemple : intro de drum'n'bass, puis passage sur de la tribe, puis hardtek pour finir en hardcore.

Cela peut créer une montée en puissance, en énergie.

On peut aussi commencer avec un tempo assez lent, et le faire monter progressivement tout au long de son set…

Un set peut être totalement préparé en avance, c'est à dire que le DJ sait d'avance l'ordre de passage de ses disques, il sait là où il veut aller de façon très précise.

D'autres DJs voudrons exploiter un peu plus le côté improvisation, ce qui peut permettre de mieux s'adapter à son public en temps réel.

Maîtrisez Facilement les Différentes Structures Rythmiques !

Un titre est composé de ces différents éléments :

– La rythmique : kick, snares, hit-hat, cymbales crash et autres percussions.

– La ligne de basse : qui soutient la rythmique.

– Le Lead : voix ou mélodie jouée en tant qu'instrument principal.

– Les Pads (ou nappes) : ils servent de fond sonore, d'accompagnement du Lead, ils créent une atmosphère.

– Des FX : pour créer des montées ou des effets d'explosion.

La rythmique ayant un rôle majeur dans la construction d'un morceau, il est important d'en comprendre le fonctionnement.

Vous découvrirez ensuite comment mixer proprement en tenant compte de ces structures rythmiques.

1/ Description de 4 styles de rythmiques basiques

1- L'instrument est frappé sur le premier 1/4 de temps, ce qui donnerait « Mi » de Mississippi.

2- L'instrument est frappé sur chaque demi-temps, ce qui donnerait « Missi » de Mississippi.

La durée des sons est égale pour les 2 notes, mais souvent on accentue l'un des 2 pour faire ressortir le contre-temps.

3- L'instrument est frappé sur les 3 premiers 1/4 de temps mais la 3ème note est aussi longue que les 2 premières réunies, ce qui donnerait « Mississiiiiii » de Mississippi.

4- L'instrument est frappé sur les quatre 1/4 de temps, ce qui donnerait « Mississippi » de Mississippi.

2/ Les rythmiques basées sur les contre-temps

Certaines rythmiques peuvent être des variantes des structures ci-dessus.

Vous pouvez par exemple avoir un « snare » (caisse claire) qui est frappé uniquement sur les demi-temps, afin de ne garder que les contre-temps.

C'est-à-dire qu'il est joué 4 fois par mesure, à chaque fois sur le 3ème 1/4 de temps.

Il s'agit donc d'un contre-temps « pur » (contrairement à l'exemple précédent).

L'intérêt de cette rythmique est d'éviter de surcharger la composition avec des percussions trop présentes.

Ca reste « léger », ce qui permet par exemple à une mélodie de s'exprimer librement en parallèle des percussions.

3/ Les autres styles de rythmiques

Certains styles comme la Drum'n'Bass peuvent utiliser des rythmiques moins « linéaires », c'est-à-dire légèrement « déstructurées », et donc plus complexes à comprendre et à maîtriser.

Prenez le temps de bien les analyser, et repérez des morceaux à mixer avec qui ont une structure semblable pour vous faciliter la tâche ;-)

Certains styles de musique présentent des structures complètement différentes de celle qu'on retrouve en Techno (la fameuse métrique en 4/4).

C'est-à-dire que les boucles en Techno (et pour les styles de la même famille) sont composées de 4 mesures de 4 temps chacune.

Ce ne sera pas forcément le cas en Jazz ou en Rock, qui ont leur propre particularités rythmiques !

Encoder ses disques vinyls

Une bonne habitude à prendre le plus vite possible est d'encoder systématiquement ses disques en MP3, afin de pouvoir les écouter sur son PC, sur son lecteur mp3, ou sur CD dans l'auto-radio.

Le but c'est d'écouter très régulièrement ses morceaux afin de les connaître par cœur, condition sine-qua-non pour être à l'aise dans ses mixes !

Ca permet de bien comprendre la structure musicale de chaque morceau, de repérer les breaks, comment sont les intros et outros, les particularités propres à chaque morceau...

Afin d'éviter les mauvaises surprises en plein set !

Naturellement, vous allez trouver les morceaux qui peuvent bien se marier ensemble.

Vous n'aurez plus qu'à tester sur les platines !

Pour encoder, ou « ripper », vos vinyles, utilisez la même technique que pour enregistrer un mix (expliquée dans quelques pages ;-)).

Pour gagner du temps, vous pouvez essayer de trouver les mp3 de vos disques sur le net, soit sur des sites personnels, soit avec un logiciel de téléchargement (attention c'est peut-être illégal, soyez responsable).

Pour aller plus loin, avoir tous ses morceaux encodés permet de les rentrer dans un logiciel qui va reconnaître leur note fondamentale, ainsi que leur tempo, afin de préparer un set harmonique.

Tuto DJ : 3 Systèmes MALINS Pour Gérer vos Nouveaux Morceaux :

Que vous mixiez sur vinyles, sur CDs ou sur logiciel DJ, vous avez besoin de ranger vos titres soigneusement !

Plusieurs méthodes existent, mais le but reste de pouvoir retrouver vos morceaux rapidement et facilement par la suite, surtout pendant vos prestations en public...

Vous allez voir dans ce tuto DJ comment gérer l'arrivée de nouveaux morceaux dans votre collection de manière optimale :

1/ Utilisez un outil simple pour référencer vos titres :

Pour mettre en place votre processus de rangement de nouveaux titres, je vous invite à utiliser une feuille Excel (ou un document similaire).

L'idée c'est de noter dans ce document les différentes propriétés de vos morceaux, et de faire cela systématiquement dès que vous en obtenez des nouveaux...

Vous pouvez par exemple y préciser :

– Les noms du morceau et de l'artiste.

– Son tempo et sa tonalité.

– Si vous avez vérifié la qualité audio du début à la fin du morceau.

– Si vous avez renommé le fichier audio selon votre propre nomenclature (par exemple : « Tonalité-BPM___NomDuTitre).

Avec un tel outil (et l'habitude de vous en servir systématiquement), vous ne serez plus jamais perdu quant à la gestion de vos nouveaux titres !

Vous pouvez aller plus loin et y ajouter d'autres remarques ou infos, comme le fait que le titre puisse bien aller avec tel autre... ou encore que son intro est particulièrement longue...

Bref, vous voyez le concept.

J'ai utilisé ce tuto DJ de gestion d'arrivée des tracks quand je me suis mis à mixer sur platines CD, car j'ai du me refaire une collection de titres à partir de zéro...

Et je peux vous garantir qu'avoir appliqué ce système méthodiquement (même si ça paraît chiant à faire à première vue) m'a bien aidé et a largement valu le coup !

2/ Sauvegardez vos morceaux :

Ce tutoriel DJ n'est pas là uniquement pour vous inciter à classer vos titres rigoureusement, mais aussi pour vous rappeler l'importance des sauvegardes !

Si vous mixez sur CDs ou sur logiciel DJ, je vous recommande vivement de sauvegarder votre collection de morceaux sur un support solide et fiable...

Votre ordinateur ou votre disque dur externe ne sont PAS fiables : vous risquez de vous les faire voler, de les perdre, de les casser...

C'est pourquoi vous devriez effectuer vos sauvegardes en ligne, sur un serveur FTP (via un hébergeur de sites web par exemple), ou en utilisant un outil de stockage en ligne.

Pour cela, Dropbox est une tuerie car il synchronise automatiquement les fichiers de votre disque dur sur leurs serveurs à eux.

Vous avez aussi des services comme Google Drive ou autres qui sont bien pratiques et gratuits dans une certaine limite.

Ou encore votre Fournisseur d'Accès à Internet (SFR, Bouygues, Free...) qui vous donne sans doute un peu d'espace de stockage en ligne ;-)

Bref, sauvegardez vos précieux en ligne et vous pourrez dormir tranquillement sur le long terme, sans craindre de les perdre !

Vous pourrez en plus les récupérer de n'importe où si un jour vous en avez besoin, juste avec une connexion internet ^^

3/ Testez les morceaux immédiatement :

Pour finir ce tuto DJ sur la gestion des nouvelles tracks dans votre collection, vous pouvez prendre en compte le fait de les tester avec des anciennes tracks pour dénicher des combinaisons qui cartonnent...

Etant donné que vous avez préalablement classé vos bébés par tempos, par tonalités ou de toute autre façon, vous pouvez trouver des enchaînements sympas potentiels bien plus rapidement !

Par exemple, vous pouvez tester de mixer votre nouveau titre avec 5 anciens aux tempos très proches et aux tonalités compatibles...

Tout ce processus peut, au final (et sur le long terme), vous faire gagner du temps précieux lors de la construction de vos sets ;-)

Qu'est-ce que le mix harmonique ?

Le mix harmonique est un mélange de 2 morceaux dont on connait les notes ou gammes qui les composent.

En choisissant des notes compatibles entre elles, on peut mixer les tracks sans aucun conflit de tonalité, on peut superposer une mélodie au piano par dessus une autre mélodie dans un autre instru, ça passera nickel !

Maîtriser le mix harmonique permet de jouer sur les émotions beaucoup plus facilement que si on mélange 2 disques au hasard.

Ce type de mixage implique des « contraintes » : le nombre de morceaux mixables entre eux devient limité, car les notes doivent être « compatibles », et la différence de tempo doit être de 3% maximum.

L'autre contrainte du mix harmonique, énorme contrainte même, c'est de connaître la note fondamentale de ses tracks.

Pour cela soit on écoute le disque à « checker » sur ses passages les plus mélodiques, et on essaie de retrouver cette fondamentale en s'aidant d'un clavier par exemple... pas facile quand on a pas une très bonne oreille musicale :-/

Sinon on peut utiliser des logiciels pour ça.

Ils ne sont pas fiables à 100%, mais ils permettent quand même de gagner un temps très considérable, car ils fournissent la fondamentale, mais aussi le tempo et des fois d'autres éléments.

Ces logiciels scannent les mp3 qu'on veut, donc ça permet de traiter ses fichiers en série ! :-)

Le résultat peut être surprenant, ça m'est déjà arrivé plusieurs fois de mixer 2 titres à priori bien différents avec un rendu propre, nickel au niveau des mélodies... alors que je ne les aurais jamais mixé autrement !

Logiciel « Rapid Evolution »

Rapid Evolution est un utilitaire gratuit principalement développé pour permettre aux DJs de se créer une base de données répertoriant tout ce qui peux être indispensable à la réalisation de mixes harmoniques de qualité :

- renseignement du tempo,
- de la tonalité,
- du style,
- du label,
- de l'année de sortie,
- support tag ID3,
- controle du pitch et vitesse,
- etc...

Chaque caractéristique est comparée avec le morceau en cours de lecture, sous forme de pourcentage pour un repérage immédiat.

On notera aussi la possibilité de sauvegarder des commentaires persos, un détecteur automatique de tempo ainsi qu'un analyseur de tonalité, que l'on pourra vérifier avec le clavier midi intégré.

Pour un logiciel gratuit, je trouve qu'il se débrouille très bien, les résultats ne sont pas parfaits (ce qui est le cas aussi pour les autres logiciels de ce type) mais déjà satisfaisants.

Vous pouvez le trouver via Google et le télécharger gratuitement.

Existe pour : Windows, Mac OS X, Linux. Constructeur : Mixshare.

Mix Harmonique et Fonction Keylock (ou Master Tempo)

Certains DJs aiment connaître les notes et les gammes utilisées dans les morceaux qu'ils mixent.

Cela leur permet d'enchaîner des titres aux tonalités et tempos proches, ce qui donne aux mixes une meilleure cohérence musicale.

Passer d'un titre à l'autre en prenant en compte ces facteurs fluidifie et facilite les mélanges.

Pour un DJ débutant, les techniques de mix harmonique lui permettent de limiter la probabilité d'avoir des conflits disgracieux pendant son set.

1/ La fonction Keylock, c'est quoi ?

Il s'agit d'une option présente sur certaines platines vinyles ou CD, et dans les logiciels de Mix comme MixVibes ou Traktor.

Lorsqu'elle est activée, vous pouvez modifier le tempo du morceau en cours de lecture SANS changer la tonalité.

Ca veut dire que la vitesse de lecture du disque (le tempo) augmente MAIS cela n'impacte PAS la hauteur des notes jouées.

Par exemple : vous augmentez le pitch de 3%, la musique est donc jouée plus rapidement mais les sons ne montent pas dans les aigus comme ils devraient le faire en temps normal !

Le gros intérêt de l'option Master Tempo (ou « Key lock ») c'est de pouvoir multiplier les combinaisons envisageables entre vos morceaux si vous pratiquez le mix harmonique.

Mixer harmoniquement deux morceaux fonctionne lorsqu'on est sûr que leurs gammes se marient bien ensemble ET que la différence de tempo entre eux est de 3% maximum (sinon les notes changent). Avec le Master Tempo, cette contrainte des 3% s'atténue.

2/ Les limites de cette fonctionnalité :

Lorsque vous utilisez le Master Tempo, ne dépassez pas 4 ou 5% maximum sur le pitch car au-delà le son commence à se « déformer ».

Une sorte de saturation ou de distorsion apparaît, on dirait que la musique « joue sous l'eau ».

A bannir de vos mixes !

Conclusion : l'option Keylock peut donc vous être utile pour élargir vos possibilités en mix harmonique, mais n'utilisez là que dans une certaine limite sous peine de perdre en qualité sonore ! ;-)

Comment Préparer Facilement un Set Harmonique EXPRESS !

Je vais vous présenter un moyen de créer votre « set harmonique » très rapidement, avec une approche clairement « technique ».

Le but n'est pas d'obtenir un set « parfait » (loin de là), mais d'avoir une base sur laquelle vous pourrez apporter des améliorations.

1/ Un set harmonique, c'est quoi ?

Le Mix harmonique vous permet de mélanger des morceaux parfaitement compatibles entre eux au niveau de leur tonalité, en choisissant les titres en fonction de leur gamme et de leur note fondamentale.

2/ Pourquoi j'ai eu besoin de créer un set harmonique rapidement

Le label Free Style Listen a lancé un concours « Minimix FSL » sur Facebook, et j'ai décidé d'y participer.

L'idée était que les DJs proposent leur enregistrement de 30 minutes, set mixé uniquement à partir de disques vinyles de ce label.

Il y avait bien sûr une date limite de participation à ce concours, que j'ai apprise tard, d'où mon « set express ».

J'ai voulu partir sur des « mixes harmoniques » par défaut lorsque j'ai préparé ce set, de manière à me faciliter la tâche et à gagner du temps dans son élaboration.

Cette approche m'a permis de démarrer rapidement en évitant d'avoir à tester des combinaisons et des transitions « au pif ».

3/ Comment j'ai préparé mon set harmonique en moins de 30 minutes, et comment vous pouvez en faire autant

Depuis quelques années, j'ai pris l'habitude d'encoder mes nouveaux disques vinyles en MP3 dès leur réception, et je vous recommande d'en faire autant.

L'intérêt d'avoir vos titres en version numérique de qualité correcte (MP3 320 Kbits par exemple) c'est de pouvoir les écouter partout (autoradio, baladeur MP3, sur PC...) et donc de mieux les connaître.

L'autre avantage pour le mix harmonique c'est que vous allez pouvoir les rentrer dans un logiciel comme Mixed In Key (ou Rapid Evolution) pour en obtenir le tempo et la note fondamentale (ou « tonique »).

Les noms de mes fichiers MP3 incluent systématiquement le tempo et la note fondamentale du morceau.

Cela me permet de lister mes fichiers dans un ordre croissant de tonalité (par exemple), et donc de gagner un temps fou à chaque fois que je veux créer un nouveau set !

Lorsque vos MP3 sont prêts de cette manière, vous allez vous rendre compte que vos possibilités de combinaisons sont très réduites (pour rester en harmonie).

En effet, vous devrez choisir le tempo de départ qui servira comme repère pour l'ensemble du set harmonique, par exemple 190 BPM.

C'est-à-dire que tous les titres que vous allez jouer devront avoir un tempo proche de 190 BPM et être joués avec le pitch à 0% ou presque, sinon ça ne fonctionne pas.

Cas particulier : la fonction Keylock (ou Master tempo).

Cette méthode agit donc comme une sorte de filtre : si vous n'acceptez de faire que des mixes harmoniques, vous devrez choisir des morceaux dont les notes fondamentales sont compatibles, mais aussi leur tempo !

Le tri est vite fait, et votre set est maintenant prêt à 80%.

Il ne vous reste plus qu'à tester un ordre d'enchaînement des morceaux tout en enregistrant votre session, puis à améliorer votre set en vous basant sur d'autres critères que les tonalités (compatibilité des structures rythmiques, énergies, particularités...).

Continuez à faire des cycles d'amélioration de votre set de cette manière (Ecoute de l'enregistrement =>Modification de la playlist => nouvel enregistrement), jusqu'à obtenir un enregistrement propre dont vous êtes fier ;-)

4/ Le résultat

Cette méthode m'a permis de créer un mix harmonique Tribecore à 190 BPM dont tous les morceaux font parti du label Free Style Listen.

Vous pouvez écouter ce set « Minimix FSL » dès maintenant sur www.yannoo-dj.com (rubrique « Mixes »).

Les 4 Raisons pour Lesquelles le Mix HARMONIQUE Peut Vous Aider à ASSURER vos Sets

Connaissez-vous le Mix Harmonique ?

Je vous recommande vivement de maîtriser cette technique, et vous allez découvrir dans un instant comment elle peut vous faciliter la vie...

1/ Comment Mixer Harmoniquement ?

Le Mix Harmonique vous permet d'enchaîner des titres dont les notes sont faites pour s'accorder parfaitement entre elles.

Pour cela, vous procédez à votre sélection de morceaux pour lesquels vous aurez préalablement détecté le tempo et la note fondamentale (grâce à un logiciel spécifique comme Mixed in Key par exemple).

Vos deux titres doivent avoir des tonalités compatibles, c'est-à-dire voisines sur le cercle Camelot EasyMix, et une différence de tempo de 3% maximum.

2/ Jouez plus facilement vos Sets grâce au Mix Harmonique :

– Comme expliqué précédemment, pour Mixer Harmoniquement vous devez utiliser des titres dont les tempos sont suffisamment proches l'un de l'autre.

Si vous modifiez le tempo d'origine d'un titre d'une certaine valeur, sa tonalité change, et du coup votre Mix Harmonique ne peut plus se faire.

En Mixant Harmoniquement systématiquement, vous gagnez du temps pendant vos calages tempo, car vous pouvez anticiper la faible différence de pitch, et vous pouvez vous concentrer sur autre chose.

– En sélectionnant les morceaux qui vont composer votre set en fonction de leur tempo et de leur tonalité, vous économisez du temps car cette technique fonctionne comme un filtre, mais surtout vous gagnez en qualité car vous anéantissez d'office 90% des conflits de tonalités potentiels.

– Si vous vous efforcez d'établir un set harmonique, vous évitez de jouer plusieurs fois le même titre sans faire exprès, si vous êtes habitué à le passer après un autre en particulier.

– Enfin, si quelqu'un vous demande de passer un titre que vous n'aviez pas prévu quand vous Mixez en public, vous pourrez l'enchaîner plus facilement après avoir détecté sa tonalité et son tempo.

Dans ce cas, vous pouvez attendre d'avoir un titre à la bonne tonalité pour le passer ;-)

Enregistrer son mix

Vous allez voir comment faire pour enregistrer un mix avec un PC (ou un Mac, ou autre), tout en essayant de conserver une bonne qualité.

1/ Matos nécessaire :

– Une sortie de libre sur la table de mixage, idéalement une sortie dédiée à l'enregistrement existe : « REC », avec une connectique en RCA.

Ce type de sortie garde un volume constant et indépendant de celui de la sortie MASTER, ce qui évite d'envoyer un signal trop fort vers le PC !

Il y a danger si la sortie MASTER de la table est reliée à l'entrée du PC !!!

– Un PC (ou Mac ou autre bien sûr :-))

– Un logiciel pour enregistrer une source sonore externe :

Cool Edit Pro (Adobe Audition maintenant) : fonctionne bien, simple d'utilisation.

Audacity (gratuit) : logiciel suffisant pour avoir de bons résultats...

– Un cable RCA mâle – petit Jack (3.5 mm) pour racorder la table de mix au PC.

2/ Garder une bonne qualité :

Le signal doit conserver une qualité optimale tout au long de son parcours, par exemple du sillon du vinyl jusqu'au logiciel d'enregistrement.

En détail, le signal passe par :

Le diamant, qui capte la vibration émise par le sillon du disque vinyle.

La cellule, qui transforme ce signal « physique », vibratoire, en signal électronique.

La table de mixage, qui amplifie ce signal grâce à un « pré-ampli » (le mode « Phono » est spécialement adapté pour les platines vinyl, car leur signal est plus faible que celui des lecteurs CD par exemple, pour lesquels on choisira le mode « Line »).

La table va ensuite faire subir des traitements concernant le volume sur les différentes plages de fréquences (gain / fader / sorties MASTER, REC et BOOTH : toutes les fréquences sont concernées.

Potentiomètres bass / medium / aigu ainsi que les touches « kill » : uniquement les types de fréquences choisies).

Jusqu'ici, le signal est analogique, il n'a pas encore été convertit en signal numérique (exception : si on utilise une table avec un convertisseur A/N, Analogique / Numérique, en sortie, très rare dans le mix sur vinyles).

Le signal rentre ensuite dans le PC via sa carte son (externe ou interne) : un convertisseur A/N transforme le signal reçu en signal binaire (informatique).

Meilleure est la carte son, meilleure et rapide sera cette conversion.

3/ Quelques préconisations :

Vérifier que la masse des platines soient bien connectées à la masse de la table de mix pour éviter les bruits parasites !

Vérifier que le potard du panoramique (s'il est présent sur la table de mix) est bien centré, afin de ne pas avoir de déséquilibre au niveau de la stéréophonie !

Les faders et le cross-fader permettent soit de laisser passer pleinement le signal, soit de le diminuer, mais en aucun cas ils ne permettent de l'augmenter.

Lorsqu'un disque tourne, le fader doit donc être « ouvert » à fond pour exploiter pleinement ce signal.

Au contraire, le potentiomètre de gain ne fait qu'augmenter le signal, plus on le monte et plus le signal sera potentiellement détérioré (avec du bruit de fond).

L'idéal est donc de le laisser le plus bas possible, de manière à avoir 0 dB sur le VU-mètre.

Les potentiomètres EQ (bass / medium / aigu) fonctionnent d'une manière entre celle des faders et celle du gain : le signal est nickel à 0 dB, en dessous il perd de son intensité, au dessus il peut perdre en qualité.

Ne jamais pousser ces potards à plus des 3/4 de leur potentiel !

Le volume de sortie master doit se rapprocher au maximum du 0 dB (pour éviter la perte d'intensité) sans le dépasser (pour éviter la perte de qualité).

Il s'agit de l'indicateur primordial, les LEDs de couleurs (VU-mètre) sont là pour nous indiquer sa valeur (présentes sur toutes les tables de mix).

Le bon signal sera donc : fader ouvert à fond, potards de gain au minimum et potards EQ maximum au 3/4 afin d'arriver au fameux 0 db de sortie.

Si le signal est trop faible avec les potards EQ maximum au 3/4, augmenter le gain jusqu'au 0 dB. Dans tous les cas il faut tester le son de sortie sur des enceintes de qualité pour juger le résultat !

Le signal arrivant au PC est à 0 dB, nickel, il doit rester à 0 dB en entrant dans le logiciel d'enregistrement (configurer les paramètres de la carte son et du logiciel pour y parvenir).

=> L'enregistrement peut alors se faire avec un signal optimal :-)

4/ Remarques :

Le câblage que j'ai précisé peut changer suivant votre carte son, son entrée peut par exemple être en RCA...

D'autres éléments peuvent jouer sur la qualité du signal, par exemple :

- la qualité des composants de la table de mix, des câbles et des connectiques (plaqué or...),

- l'état d'usure du vinyl (sillons), du diamant,

- la propreté du vinyl (éviter la poussière),

- le choix de la cellule,

- le type de diamant (elliptique ou sphérique),

- la force du poids appliquée à la cellule,

- le format et les paramètres d'export du fichier : wave sans compression, MP3 320 Kbits...

Les mixtapes

AH les bonnes vieilles mixtapes !

De nos jours les CDs sont devenus plus courants, mais le principe reste le même : enregistrer son set nickel dans la meilleure qualité possible.

Une fois votre set enregistré, surtout ne le compressez pas en MP3 ou autre !

Créez un CD « master » avec le fichier source (en wave par exemple) au format CDA (audio).

Il s'agit du CD à partir duquel vous allez copier tous les autres exemplaires, donc pensez à bien le tester avant d'en faire 50 !

Préparez aussi le graphisme de la pochette, avec vos coordonnées, le nom de votre set, voire le nom des tracks et des artistes présents dedans.

Des logiciels existent pour créer facilement vos jaquettes.

Vous pouvez même personnaliser le recto de votre CD avec une étiquette !

Une fois que tout est prêt, vous pouvez faire tourner votre disque à vos potes, à d'autres DJs ou à toute personne susceptible d'écouter ou de diffuser votre son.

L'idéal ensuite est d'avoir des retours sur votre set : la durée est-elle assez longue, la qualité sonore est-elle nickel, le mix est-il propre, les morceaux bien choisis...?

Vous pouvez vous servir de ce CD comme « démo » si vous voulez mixer en boîte ou dans un bar... ;-)

Confectionnez (en Détails ATOMIQUES) votre Set DJ en Avance : les 7 Justifications EXCLUSIVES…

Faut-il jouer un Set 100% préparé dans les moindres détails en avance, à tête reposée à la maison ?

Faut-il se laisser aller à improviser en « live » en fonction du public, de ses réactions, et de l'évolution de la soirée ?

Ou bien encore, le top est-il situé entre ces deux extrêmes ?

Il n'y a pas de réponse idéale : chaque DJ a sa vision du Mix bien à lui, en tenant compte de plusieurs facteurs (temps de préparation au préalable, public attendu, niveau de stress une fois devant le dancefloor…).

Voici 4 situations précises pour lesquelles jouer un set complètement prévu d'avance et sans modifier quoi que ce soit peut vous sauver la vie.

Explications :

1/ Vous enregistrez une démo :

Si votre but est d'enregistrer le Set DJ « parfait », le plus propre possible avec des transitions calculées au millimètre près, alors vous devez savoir d'avance ce que vous allez jouer, et dans quel ordre !

Et si vous passez par un studio professionnel, c'est d'autant plus important que vous payez chaque heure d'utilisation !

2/ Vous jouez votre set DJ publiquement « sur demande »

Si votre set a été largement diffusé et entendu par un grand nombre de personnes, il peut contribuer à vous faire connaître, et à développer votre groupe de fans.

Un organisateur de soirée peut être tombé dessus d'une manière ou d'une autre, et c'est peut-être la raison pour laquelle il vous a invité à jouer à l'un de ses événements.

Dans ce cas, rejouer votre Set DJ tel quel semblera naturel, puisque c'est ce qui a déjà « prouvé » votre succès.

3/ Vous jouez de façon imprévue :

Quand vous vous rendez à des soirées ou à des événements festifs, ayez le réflexe d'emporter votre playlist avec vous (on ne sait jamais ce qui peut se passer).

Bien sûr, si vous Mixez sur vinyles c'est loin d'être évident de vous trimbaler votre bac ou votre sacoche avec vous, surtout si vous aviez prévu de vous amuser « en touriste ».

Mais si vous Mixez sur CD ou sur logiciel, prendre votre pochette de disques ou votre clé USB ne va pas vous demander trop d'efforts !

Le truc, c'est que si un DJ prévu est absent, ou dans l'impossibilité de passer aux platines pour une raison ou une autre, vous pouvez vous « sacrifier » pour prendre le relais.

Encore faut-il que votre style musical corresponde à peu près au public présent, et que vous ayez le culot d'aller tenter votre chance au près des organisateurs.

Mais qui ne tente rien n'a rien (il se peut même que vous les aidiez en les dépannant d'une galère !).

D'autre part, en toute fin de soirée il est souvent plus facile d'essayer de « s'incruster » aux platines : les DJs principaux ayant déjà joué et le public ayant déjà quitté les lieux pour une bonne partie d'entre eux...

4/ Vous êtes persuadé d'avoir mis au point un set de tueur, et vous voulez le partager en public

Vous avez fourni beaucoup d'efforts chez vous pour sélectionner les titres qui se marient parfaitement ensemble, vous avez travaillé des transitions originales et minutieuses, et vous savez exactement quel effet placer à quel moment et pourquoi...

Bref, votre œuvre est nickel, et vous comptez en faire profiter votre prochain dancefloor.

Si les gens aiment : tant mieux, sinon : tant pis !

Cette approche convient à certains DJs et peut donner d'excellents résultats.

Quoi qu'il en soit, si vous l'appliquez vous n'allez pas changer de programme au dernier moment : vous reproduisez votre set en public tel qu'il a été conçu, de la manière la plus fidèle possible !

5/ Vous testez des nouveaux morceaux pour la première fois :

Dans ce cas-là, les inclure dans un set DJ préparé en avance vous facilite la tâche, et peut vous éviter de vous planter bêtement !

Vous pouvez profiter de jouer en warm-up pour entendre vos

dernières trouvailles sur un gros système de sono ;-)

6/ Vous Mixez en public pour les premières fois :

Si vous savez que vous n'allez pas être à l'aise aux platines, jouer votre set 100% préparé vous aidera à surmonter le stress.

Cela peut être utile si vous jouez devant un dancefloor pour la première fois, ou encore si vous devez utiliser du matériel auquel vous n'êtes pas habitué.

7/ Vous participez à une compétition :

Lorsque vous prenez place à un contest de Mix ou de Scratch, vous avez plutôt intérêt à avoir prévu les bons enchaînements au préalable pour épater votre jury.

Surtout que l'interaction habituelle du DJ avec son dancefloor est probablement absente !

> ALLEZ PLUS LOIN :

Si vous souhaitez voir comment créer des sets de manière bien plus poussée, et comment maîtriser le mix harmonique pour gérer l'aspect « émotionnel », inscrivez-vous (gratuitement) au Pack de Bienvenue :

La-guerre-des-potards.com/Livre

Vous allez voir (entre autres) un mode d'emploi étape par étape pour dénicher vos perles musicales bien plus rapidement ;-)

4- MIXER EN PUBLIC

Le DJing en Public : 3 Étapes DÉCISIVES pour Assurer vos PREMIÈRES Prestations !

Le DJing est un art qui demande beaucoup d'entraînement pour arriver à maîtriser les fondamentaux techniques, et pour Mixer convenablement en public !

C'est bien de voir grand au début, de vouloir Mixer devant des centaines de personnes, mais si vous débutez, vous devez naturellement passer par des étapes préliminaires avant d'en arriver là !

Voici comment vous y prendre :

1/ Maîtrisez d'abord les bases du DJing les yeux fermés :

Quand vous Mixez en public, vous pouvez vous attendre à avoir un « niveau de maîtrise technique » deux ou trois fois inférieur à ce que vous êtes capable de faire chez vous.

D'une part parce que vous êtes en situation de stress plus ou moins intense suivant la situation et votre feeling, mais aussi car vous ne Mixez pas forcément avec votre matériel DJ habituel !

Par exemple, si vous êtes sur vinyles ou sur CD, les platines et la table de Mixage qui sont à votre disposition peuvent être différentes des vôtres !

Quand à l'acoustique, c'est souvent un problème notable quand on Mixe en public : entre les enceintes de retour dont le volume n'est pas toujours réglable, et la sono de façade qui provoque une grosse réverbération, ça devient vite le bordel pour caler le tempo correctement !

Pensez à prendre le temps qu'il faut avant de passer aux platines pour vous habituer à cette acoustique ;-)

2/ Commencez le DJing en public de façon modeste mais pertinente :

Vous pouvez commencer le DJing en public juste devant quelques amis, lors de soirées modestes en petit comité.

L'avantage c'est que vous n'avez pas de pression : au pire si personne ne danse ce n'est pas grave, vous ne devez rien à personne d'une certaine manière !

Vous pouvez alors vous faire la main en Mixant dans des conditions différentes de celles dans lesquelles vous êtes quand vous Mixez chez vous, dans votre « petit confort ».

L'idée c'est de toujours donner le meilleur de vous-même, même si votre dancefloor est vide ou que seulement 3 personnes vous écoutent.

Vous en profitez quand même pour vous entraîner et devenir un meilleur DJ petit à petit ;-)

Faites tout ce que vous pouvez pour Mixer en public le plus souvent possible au près de vos amis et de vos connaissances, afin que cela devienne « banal ».

Pour cela, vous pouvez même organiser des soirées à thème, par exemple une fois par mois...

Lorsque vous aurez assuré plusieurs soirées avec des dancefloors de plus en plus remplis et que vous aurez accumulé de l'expérience avec un public composé principalement de personnes que vous connaissez, vous pouvez vous orienter vers l'étape suivante :

3/ Continuez votre progression en DJing progressivement :

A ce stade, vous allez commencer à proposer et à exposer vos compétences en DJing à des personnes qui n'ont rien à voir avec votre cercle d'amis habituels.

Il s'agit d'aborder d'autres contextes pour continuer à progresser en Mix en public, mais toujours gratuitement dans un premier temps : vous en êtes encore à « vous faire la main » ;-)

Vous pouvez par exemple proposer vos services à des bars et en semaine : la clientèle étant moins garnie qu'en week-end, le patron vous laissera plus facilement faire vos preuves car les « risques » pour lui sont moindres.

Cela peut constituer un idéal pour vos premiers pas dans ce type d'environnement, où vous devrez peut-être jouer des styles musicaux différents de ce que vous avez l'habitude de Mixer.

Prenez vos repères pour assurer du mieux possible, et essayez de rendre vos interventions régulières, par exemple une fois par semaine...

Lorsque le responsable du bar sait qu'il peut vous faire confiance, vous pouvez lui proposer de Mixer en week-end, afin d'avoir une ambiance sans doute plus festive et avec plus de monde...

Une autre approche pour Mixer dans des soirées quand vous n'êtes pas encore très connu c'est d'assurer des sets de warm-ups (début de soirée) ou de clôture (fin de soirée).

Suivant l'ampleur de l'événement, c'est déjà un cran plus haut car votre nom de DJ devrait être précisé sur le flyer ! ;-)

Cela peut vous aider à vous faire connaître au près du public, mais aussi au près d'autres DJs et des organisateurs...

Essayez donc de vous faire booker le plus souvent possible, en développant vos relations dans le milieu.

Enfin, Mixer en « peak-time » (c'est-à-dire le moment où la soirée est à son apogée) est le top, car vous avez alors un dancefloor logiquement rempli et motivé...

A ce stade, vous avez sans doute déjà travaillé sur votre notoriété pour en arriver là ^^

Les « petites » soirées

Pour commencer à se faire connaître ou juste pour s'entrainer quand on est encore timide, mixer dans des petites soirées, chez des potes ou chez soi, permet de jouer sans stresser, tranquille ^^.

Vous pouvez aussi organiser un « micro posage » avec juste une enceinte de retour, ça permet de mixer en extérieur en forêt par exemple, nickel avec un barbeuc :-)

L'avantage pour un débutant c'est d'être dans des conditions favorables : pas de gros système sonore qui vous pète les oreilles, pas de gugus que vous ne connaissez pas et qui vient vous demander toutes les 5 minutes comment vous faites pour mixer, ou si vous pouvez passer tel ou tel morceau qui n'a aucun rapport avec ce que vous faites...

Dans ce genre de soirée, mixer avec d'autres DJ va vous permettre d'avoir un avis extérieur sur votre prestation, ce qui est toujours bon à prendre !

Ca va aussi vous permettre d'échanger avec eux sur des techniques, des infos diverses...

Vous pouvez aussi vous permettre des fantaisies, ou essayer des trucs que vous ne tenteriez pas devant un « gros » public ! ;-)

Se préparer pour jouer devant un public

En premier, pensez à checker le matos de mix :

– les platines et la table de mix fonctionnent-elles nickel ?

– Le casque est-il opérationnel ? Le mieux est de ramener le sien, n'oubliez pas le connecteur jack ;-)

– Vos disques sont-ils opérationnels ? Sans rayure, ni poussière, pas voilés...

– Les enceintes de retour sont-elles bien réglées ? Sinon renseignez-vous pour les réajuster, augmenter / diminuer leur volume, les filtrer (surtout dans les basses pour éviter le larsen !).

C'est primordial d'être à l'aise là-dessus, surtout si vous mixez sur une grosse façade car le son provoqué par celle-ci va vous gêner pour caler vos morceaux !

– Y a t-il de la réverbération à cause de murs ou autre ? La loose quand vous mixez sous un pont ou dans des carrières en free party !

Ensuite, préparez votre bac de disques : choisissez-les en fonction de la soirée => est-ce que vous allez passer de l'Electro, du Hardcore, du Reggae... ?

Choisissez donc un style principal, et des titres de styles voisins afin de pouvoir faire des transitions vers ces styles (ex : si vous mixez Hardtek, prévoyez quelques titres de Hardcore pour que le DJ suivant puisse enchaîner dessus si besoin ;-))

Enfin, pensez à ramener votre bière bien fraîche pour faire passer le stress, allez ca va bien se passer ! ;-)

Comment Mixer en Public et ASSURER Dans des Conditions STRESSANTES (Exemple VÉCU à l'Appui)

Le 1er novembre 2014, j'ai été invité à jouer à la soirée Beatfreak'z Horror Show qui se déroulait au Zénith de Nancy, et organisée par Beatfreak'z Records, Psychoquake Records, Youpi Sound System et FTK Sound System (un grand MERCI à eux !).

2 scènes étaient prévues :

– la grande avec une sono de 35 Kw qui accueillait les DJs et les liveurs les plus connus,

– la petite avec une sono de 15 Kw qui accueillait les artistes moins connus (dont moi !).

C'était une belle opportunité pour mixer en public et pour gagner en expérience, j'ai donc voulu « mettre le paquet » sur la préparation pour assurer du mieux possible !

Pour marquer le coup, le challenge était de jouer mon set sur platines CD, alors que j'avais l'habitude de mixer sur vinyles depuis des années...

Cela m'a permis de jouer mes propres morceaux (quel kiff ! ^^), mais aussi d'aborder de nouvelles techniques de mix...

La transition d'un support à l'autre et la préparation de la prestation ont nécessité plus de 2 mois de boulot à plein temps, plus de 1300€ d'investissement, et du stress en veux-tu en voilà !!!

J'ai notamment dû résoudre ces problèmes :

1/ Comment mixer en public sereinement quand vous n'en avez pas l'habitude :

Malgré le fait que j'organise des soirées auxquelles je joue avec l'association Les Durs d'Oreille, je ne mixe pas (assez) souvent en public pour être parfaitement à l'aise… et c'est peut-être aussi votre cas !

Mixer dans une salle d'envergure comme un Zénith n'a donc pas arrangé les choses en terme de stress me concernant ! :-/

Pour remédier à cela, vous pouvez :

– Visualiser le déroulement de l'événement quotidiennement plusieurs semaines en avance.

L'idée étant d'anticiper tout problème potentiel, que ce soit en terme de matériel DJ, d'acoustique, de logistique pour vous rendre sur place, ou encore de distractions pendant votre prestation…

– Mettre en place un système fiable et rigoureux pour sauvegarder vos titres (si vous mixez sur logiciel ou sur platines CD) pour ne pas vous retrouver en galère si votre disque dur ou votre ordinateur vous lâche la veille de votre prestation…

Si vous êtes sur vinyles, nettoyez-les et protégez-les correctement !

– Prévoir des « parachutes de secours » : sets de clés USB et / ou de CDs doublés, vinyles supplémentaires…

– Créer un set facile à jouer : en appliquant les règles du mix harmonique, en « hackant » le calage tempo…

2/ Comment Mixer correctement sur du matériel que vous ne connaissez pas :

Pour assurer mon set en jouant mes propres titres, j'ai acheté une paire de platines CD d'entrée de gamme de chez Pioneer (les CDJ-350).

L'idée c'était d'avoir du matériel de marque standard afin de me rapprocher au maximum du matériel que j'aurais à disposition le jour J.

Et Pioneer est la référence qu'on trouve la plupart du temps pour une régie CD dans ce type d'événement, mais aussi en clubs.

J'ai donc pu m'y adapter et le prendre en main à tête reposée à la maison ^^

Pour vos futures prestations, vous pouvez vous renseigner en avance au près des organisateurs ou du régisseur concernant le matériel disponible, et connaître précisément les modèles exacts des platines et de la table de mixage.

En l'occurrence, il s'agissait des classiques CDJ-2000 et DJM-2000.

J'ai donc pu lire les manuels utilisateur de ces bijoux afin d'éviter d'éventuelles mauvaises surprises... ^^

3/ Comment Mixer des titres que vous ne connaissez pas :

Passer du support vinyle au support CD implique de se créer une collection de titres à partir de zéro, et en format non compressé (WAVE ou AIFF par exemples) pour garder une qualité optimale (dehors le MP3 ! :-))...

J'ai donc passé du temps à rechercher des morceaux pour créer mon set DJ (« The Lean Projekt » en écoute et en téléchargement sur cette page : yannoo-dj.com/the-lean-projekt) et je les ai gérés en utilisant le « Tracks Manager », un outil que j'ai créé pour l'un de mes cours DJ.

D'autres titres joués sont des productions personnelles, comme « Le Syndrome de Kundalini » qui a été créé sur-mesure pour ce set, ou encore « Induction Hypnotique » en versus avec mon ami Kalbo, que j'ai fini de masteriser quelques jours avant l'événement.

Pour connaître par cœur les titres de votre set, il est indispensable de les écouter en boucle tous les jours !

Si vous êtes sur vinyles : encodez-les en MP3 pour cela.

Vous pourrez alors les Mixer bien mieux et plus facilement, mais aussi repérer des passages ou des détails à corriger dans des versions que vous customisez (c'est-à-dire des versions « ré-éditées »).

Par exemple, vous pouvez rajouter des repères comme une cymbale crash sur le premier temps d'une boucle, afin de vous faciliter le calage tempo...

Cela n'est bien sûr possible que si vous mixez sur CD ou sur logiciel, mais ça peut vraiment vous aider pendant votre prestation dans un environnement à l'acoustique difficile !

Vous pouvez customiser facilement vos morceaux en utilisant un logiciel comme FL Studio...

Comment Apprendre à Mixer pour Faire DANSER son Public à (Presque) TOUS les COUPS

Vous avez sans doute déjà eu de l'appréhension avant de passer aux platines, avec la peur au ventre que personne ne danse, ou même qu'on vous siffle...

C'est normal de ressentir cela si vous voulez bien faire, et c'est justifié car de nombreuses difficultés peuvent se mettre sur votre chemin : un souci avec le matériel DJ, l'acoustique qui rend très difficile le calage tempo, ou encore un public plutôt froid et réticent...

Voici comment apprendre à Mixer de manière à mettre un maximum de chances de votre côté pour faire danser votre public, et pour assurer votre prestation aux platines :

1/ Apprendre à Mixer en public en maîtrisant correctement les techniques de Mix :

Si vous êtes un DJ débutant, il se peut que vous ne maîtrisiez pas encore parfaitement toutes les techniques de Mix de base.

Ce n'est pas grave : ne faites que ce que vous savez faire de mieux, quitte à rester simple !

Les techniques de transitions ne sont pas le plus important, le choix des titres passe bien avant, mais aussi arriver à synchroniser vos titres correctement de manière à éviter des gros ratages de calages tempo qui pourraient faire enrager votre public.

Si vous comptez jouer en public et que vous ne savez pas encore parfaitement comment caler le tempo, apprendre à Mixer avec la touche SYNC peut s'avérer utile, mais dans tous les cas vous DEVEZ travailler votre calage tempo finement le plus régulièrement possible !

C'est pourquoi apprendre à Mixer sur platines vinyles ou CD est sans doute plus difficile que sur logiciels DJ comme Virtual DJ ou Traktor Pro 2, mais caler le tempo à l'oreille systématiquement est aussi plus formateur ;-)

La meilleure chose à faire pour bien apprendre à Mixer en public, c'est de le faire le plus souvent possible, rien ne remplace l'expérience !

Les techniques que vous maîtrisez les yeux fermés chez vous ne seront pas facilement réalisables en public avec autant de facilité et de précision, c'est pourquoi le faire régulièrement (même s'il s'agit de petits événements) vous permet de progresser sensiblement.

2/ Apprendre à Mixer en faisant une sélection de titres bien ficelée :

Afin de vous assurer que les morceaux que vous jouez dans votre set passent bien ensemble au niveau de leurs tonalités, je vous recommande vivement d'appliquer les règles du mix harmonique.

Cela a clairement changé ma façon de créer mes playlists, et vous n'avez pas besoin d'avoir une « oreille musicale » pour utiliser correctement ces aspects de théorie musicale.

Des logiciels comme Mixed in Key permettent de retrouver les tempos et les tonalités de vos titres rapidement et sans effort, profitez-en !

Si vous faites de l'animation de soirées, vous pouvez passer aux bons moments des titres qui ont « marqué l'histoire », afin de jouer sur la nostalgie et sur les émotions ressenties pas certaines personnes, ce qui peut les encourager fortement à venir se bouger !

Dans tous les cas, prévoyez-vous une liste de titres spécifiques qui ont une grande chance d'attirer votre public sur la piste de danse.

Il peut s'agir de morceaux connus et à la mode, ou vieux de quelques dizaines d'années mais mémorables (suivant votre style musical et le contexte), et jouez-les même si vous ne les aimez pas.

Au pire, prenez des versions remix dans un style musical qui vous convient mieux si ce choix est pertinent dans votre situation.

Le but reste de faire tilter les gens, de les réveiller et de faire en sorte qu'ils se bougent, et pour cela vous devriez être prêt à « prendre sur vous » dans certaines conditions (surtout si vous êtes payé pour jouer).

Prévoyez de pouvoir jouer plusieurs styles musicaux différents de celui que vous préférez (surtout si vous animez des soirées « généralistes », des mariages ou des anniversaires !), de manière à pouvoir passer de l'un à l'autre si besoin.

3/ Apprendre à Mixer en s'adaptant au public :

Dites-vous qu'il se peut que votre public mette du temps à se chauffer et à se bouger.

Cela dépend bien sûr du moment auquel vous passez aux platines, mais c'est particulièrement vrai si vous assurez le warm-up (le début de soirée), car les gens ont besoin de se mettre un peu dans l'ambiance avant de se lâcher sur le dancefloor !

Donc pas de panique dans ce cas-là, faites votre travail au mieux, tout en checkant les réactions de votre public régulièrement pour prendre la température.

Vous pouvez faire varier l'énergie de votre set en fonction de l'humeur du public et de l'ambiance globale sur le dancefloor, pour tester des titres plus ou moins énergiques, « agressifs » ou connus pour tenter de motiver les troupes.

L'idée, c'est de vous adapter au mieux à la situation présente.

Essayez de faire danser des groupes de gens en ciblant des personnes clé qui ont l'air d'être festives et influentes pour leur groupe, et qui pourraient engrainer leurs amis à venir sur le dancefloor.

Visez en priorité des filles qui ont tendance à se mettre à danser plus facilement que les hommes.

Si vraiment vous n'y arrivez pas, vous pouvez faire un petit tour au près du public pour lui demander ses goûts, et des titres qu'il aimerait que vous passiez, mais cette approche est souvent délicate et pas forcément évidente à appliquer !

Ne vous dévalorisez pas et ne perdez pas le moral même si votre dancefloor est vide (je sais, c'est facile à dire !).

Dites-vous bien que si les gens ne dansent pas, cela peut venir d'un grand nombre de facteurs : leur humeur, l'heure de la soirée, la météo, leur taux d'alcoolémie dans le sang qui est peut-être encore trop faible...

Et il y a bien sûr des dynamiques de groupe qui entrent en jeu, des comportements sociaux qui vont favoriser la démotivation générale, ou au contraire un élan de festivités.

Les différents types de personnalités qui sont présentes vont avoir leur degré d'influence sur toute cette ambiance, et vous ne pouvez pas contrôler cela.

Essayez de vous relaxer au maximum, de garder le sourire (voire de danser derrière les platines, la motivation est contagieuse ^^), et continuez votre travail du mieux que vous pouvez (sans vous prendre trop au sérieux) : vous ne pourrez ainsi rien regretter ;-)

Les 7 Erreurs CLASSIQUES des DJs Débutants Quand ils Mixent en Public (et Comment les Contourner)

On retrouve certaines erreurs très souvent chez les DJs débutants, et qui peuvent être très embarrassantes quand ils Mixent en public...

En voici 7 à éviter absolument :

1/ Jouer les titres demandés par certaines personnes du public :

Pourquoi vous ne devez pas le faire : ce n'est pas parce qu'un mec ou une nana vient vous demander de passer tel ou tel morceau que vous devez impérativement répondre à sa requête !

C'est VOUS le DJ, c'est à vous de savoir si ce serait pertinent de jouer ce titre, ou pas.

C'est à VOUS de décider, c'est votre rôle, et il ne s'agit pas de satisfaire une personne dans le public, mais la majorité !

Ce que vous pouvez faire à la place : vous pouvez répondre à la personne qui vous le demande en disant que vous n'avez pas le titre en question, ou que vous le jouerez plus tard au bon moment.

2/ Mixer des titres que vous ne connaissez pas :

Pourquoi vous ne devez pas le faire : la sélection des bons morceaux à passer aux bons moments est la démarche n°1 de tout DJ.

Ce n'est donc clairement pas le moment de partir à la découverte de nouvelles sonorités quand vous Mixez en public, même si elles peuvent vous plaire, ou (éventuellement) plaire à votre public.

Ce que vous pouvez faire à la place : restez dans votre « zone de confort », c'est-à-dire n'utilisez que des morceaux que vous possédez, que vous avez déjà Mixé plusieurs fois chez vous, que vous maîtrisez.

Quand vous jouez en public, ce n'est pas du tout le moment de tenter des nouvelles choses, de faire de l'expérimental…

Il s'agit d'assurer, quitte à faire simple mais efficace ;-)

3/ Se focaliser sur les techniques de Mix :

Pourquoi vous ne devez pas le faire : votre rôle est d'enchaîner les bons morceaux aux bons moments, tout en « écoutant » votre public, sa réaction par rapport à vos choix, son énergie… afin de mieux vous « recentrer ».

Et pour cela, vous devez garder en tête que vos techniques de transitions – aussi complexes, évoluées ou subtiles soient-elles – ne représentent qu'un aspect secondaire quant à votre rôle de DJ.

Ce que vous pouvez faire à la place : simplifiez vos techniques de transitions afin qu'elles ne vous prennent pas trop de temps.

Vous pourrez ainsi « lever la tête » pour prendre la température du dancefloor, montrer que vous faites aussi parti de la fête, et cela vous permettra de mieux vous orienter pour le choix de vos prochains morceaux ;-)

4/ Passer aux platines sans s'être préparé un minimum :

Pourquoi vous ne devez pas le faire : vous risquez d'être un peu pris au dépourvu au dernier moment quant au choix des titres potentiels à enchaîner, et donc de stresser davantage inutilement.

Ce que vous pouvez faire à la place : anticipez votre passage après le DJ qui joue avant vous en vous renseignant sur sa façon de terminer son set (quel tempo environ ? Quelle « énergie » ?...).

Faites de même pour faciliter le passage au DJ qui Mixera après vous, en lui précisant les mêmes infos.

Habituez-vous à l'acoustique de la « cabine DJ » et des enceintes de retour 20 minutes avant de Mixer, afin de ne pas être surpris par une éventuelle réverbération.

5/ Jouer des grosses « tueries » trop tôt :

Pourquoi vous ne devez pas le faire : si vous jouez en début de soirée et que le dancefloor est presque vide, ça ne sert à rien de passer vos meilleurs titres pour tenter de ramener du monde...

Vous allez simplement gâcher leur potentiel, car si les gens ne sont pas « chauds » pour danser, ils ne danseront pas !

Ce que vous pouvez faire à la place : prenez votre mal en patience.

Si vous faites un « warm-up » (c'est-à-dire le lancement de la soirée avant que le DJ star enchaîne), vous DEVEZ vous abstenir de passer vos grosses bombes.

Cet honneur est réservé aux DJs suivants, qui pourront en profiter (et exploiter pleinement leur potentiel) au bon moment de la soirée, quand les gens seront aptes à danser.

6/ Mettre le volume trop fort :

Pourquoi vous ne devez pas le faire : votre son risque de perdre en qualité si vous dépassez le 0 dB en sortie sur votre VU-mètre, et si jamais ça « tape » trop dans le rouge, ça risque de détériorer les amplis et enceintes (s'ils ne sont pas protégés par un limiteur par exemple).

D'autre part, votre public n'est pas là pour perdre de sa capacité auditive, mais pour s'amuser, donc n'abusez pas du volume du Master, mettez-vous à leur place !

Ce que vous pouvez faire à la place : fixez-vous comme objectif de ne jamais dépasser le seuil de 0 dB (j'insiste beaucoup sur ce point dans mes cours de Mix car c'est primordial !), et de laisser le volume de Master tranquille ^^

7/ Jouer des morceaux de mauvaise qualité sonore :

Pourquoi vous ne devez pas le faire : si vous utilisez des fichiers MP3 encodés en qualité moyenne voire pourrie, cela s'entendra sur un gros système de sonorisation, même si ce n'est pas le cas quand vous Mixez dans votre chambre.

Ce que vous pouvez faire à la place : faites le tri dans vos playlists, et bannissez tout les MP3 encodés en dessous de 320 Kbits/s.

Préférez les fichiers « Master » en wave, même si cela prend plus de place sur votre disque dur, ou sur vos CDs.

Si vous Mixez en vinyles, la question ne se pose pas ;-)

Les 3 INFRACTIONS à Bannir Quand Vous Mixez Face au Dancefloor :

Vous avez peut-être déjà observé des bons DJs, professionnels ou amateurs, en vidéos ou en live, pour décortiquer un peu leur façon de Mixer afin d'en savoir plus sur comment assurer aux platines face au dancefloor...

Si c'est le cas, vous avez sans doute remarqué qu'ils s'arrangent d'une manière ou d'une autre pour réaliser leur prestation de la meilleure façon possible, notamment en évitant de faire ces 3 erreurs qui peuvent s'avérer impardonnables :

1/ Ne pas arriver à chauffer ou à faire vibrer votre dancefloor :

Pour contourner ce problème, votre sélection de titres à jouer sera bien sûr déterminante dans votre démarche, afin de vous assurer qu'ils vont coller au contexte de votre set :

-> Chauffer le dancefloor si vous assurez le warm-up (le début de soirée), dans ce cas vous ne sortez pas vos grosses bombes car elles seront réservées aux DJs qui passeront après vous.

-> Faire vibrer et crier les gens du dancefloor si vous jouez en peak-time (lorsque la soirée bat son plein), dans ce cas vous pouvez sortir vos meilleurs titres, les plus connus ou ceux qui sont à la mode actuellement.

-> Terminer la soirée et le faire comprendre à votre public si vous assurez le closing-set (le set de clôture), dans ce cas vous pouvez redescendre en énergie ou au contraire la pousser au maximum selon votre humeur ou vos contraintes.

Vous devez développer un bon feeling pour que l'ambiance soit au top, et pour cela vous devez interagir correctement avec votre public.

Les techniques de Mix que vous employez doivent être largement maîtrisées les yeux fermés (ce n'est pas le moment d'expérimenter quoi que ce soit !), afin d'être suffisamment à l'aise pour pouvoir vous en « dégager ».

Vous pourrez alors aller au-delà de ces aspects, et vivre une vraie relation d'interdépendance avec votre public.

Cela nécessite d'avoir une bonne expérience du dancefloor pour pouvoir le comprendre, le « lire » et réagir correctement à ses attentes.

Plusieurs éléments entrent en jeu (qui pourront jouer pour vous ou contre vous) comme l'heure à laquelle vous jouez votre set, l'ambiance et la motivation générale avant que vous ne passiez aux platines, votre place dans le line-up, le taux d'alcoolémie moyen...

2/ Ne pas intriguer votre dancefloor ou ne pas captiver son attention :

Prévoyez de faire des surprises inattendues pour par exemple créer du suspens :

– Placez un break particulièrement long, soit déjà existant dans un titre, soit en le créant sur le moment à l'aide de jeux avec des loops (boucles), des points CUE, des FX assez longs...

– Osez des silences suspects, qui peuvent induire votre public en erreur en lui faisant croire que vous avez perdu le contrôle de votre set :-)

– Essayez un basculement provisoire sur un autre style musical pour rapidement revenir sur celui d'origine.

– Trouvez des titres très particuliers, originaux, avec des rythmiques déstructurées (avec des syncopes par exemple), des versions remix inédites de titres bien connus...

– Jouez avec des passages « faux départs », pour créer une sorte de frustration provisoire chez votre public.

– Stressez votre dancefloor en déclenchant un compte à rebours.

– ...

Vous pouvez créer un « manque » volontairement pour accentuer le désir de votre public : coupez la ligne de basse, appliquez un filtre VCF, un effet de manière subtile...

Ne jouez pas un set linéaire du début à la fin : faites évoluer les tonalités des titres si vous Mixez harmoniquement, variez leur tempo, éventuellement passez d'un style à un autre...

Vous pouvez accentuer des montées en pression : renforcez des build-ups en rajoutant un FX uplifter par dessus le titre, en rajoutant un instrument rythmique (snare, hit-hat...) d'un autre morceau...

Ces astuces nécessitent d'avoir des idées originales pour faire tilter votre dancefloor, mais aussi pour vous démarquer des autres DJs dans votre style : les gens se souviendront alors plus facilement de vous via votre prestation si vous leur sortez un passage ou une technique complètement bluffante de créativité ;-)

3/ Ne pas arriver à jouer un set complet sans erreur technique ou matérielle :

Dites-vous bien que s'il y a une galère avec du matériel DJ quelle qu'elle soit, c'est votre responsabilité même s'il ne s'agit pas de votre matériel, ou si ce n'est pas du tout de votre faute.

Vous le savez : c'est quand même sur vous que le public sifflera en premier s'il y a une coupure du son, un disque qui saute, ou encore un limiteur qui bloque le volume au dessus d'un certain seuil...

Vous devez anticiper tout ça !

D'où la nécessité de vous être bien préparé en avance pour assurer votre prestation, ainsi que pour avorter les éventuelles possibilités de « croûtes » (c'est-à-dire toutes sortes de plantages) :

-> Comment réagir s'il vous reste 10 secondes avant la fin du morceau en cours de lecture et que votre titre suivant n'est pas encore prêt ?

-> Quoi faire si votre ordinateur bug (logiciel de DJing qui saute, latence sur votre contrôleur USB, écran bleu et autres joies inhérentes à l'informatique) ?

-> Comment gérer une situation dans laquelle vous devez absolument quitter les platines en urgence pendant quelques minutes (vessie prête à exploser, demander une info importante à quelqu'un, problème d'acoustique à gérer avec la sono...) ?

-> Que faire si vous ne trouvez pas le titre (dans votre bac, dans votre disque dur ou dans votre pochette de CDs...) que vous voulez absolument jouer là maintenant tout de suite ?

-> ...

Que ce soit pour bien interagir avec votre public, pour maintenir son attention et sa motivation durant tout votre set, ou encore pour jouer un set sans faille, la clé c'est la préparation ! ;-)

Comment Mixer en Public en FACILITANT le Passage du DJ Suivant : les BONNES Pratiques

Si vous avez déjà Mixé en public plusieurs fois, il vous est peut-être déjà arrivé de vous retrouver un peu en galère au moment de passer aux platines...

Vous pouviez ne pas avoir assez de temps pour installer correctement votre matériel DJ le cas échéant, ou pour effectuer une transition du set du DJ précédant vers le votre qui soit digne de ce nom !

Vous allez découvrir comment Mixer de manière à ce que ce genre de situation ne se produise pas pour vos collègues qui passent après vous.

Explications :

1/ Comment Mixer sereinement en ayant préparé votre prestation :

Anticipez : préparez-vous au maximum en avance avant de passer aux platines, afin de savoir vers où vous voulez aller.

Rien n'est plus désagréable que de devoir « sortir la tête du Mix » pendant qu'on est aux platines pour discuter avec un collègue, surtout quand on Mixe en public et qu'il est difficile de s'entendre parler !

Demandez au DJ suivant par quel style de musique il commence son set, et sur quel tempo.

Cela pourra vous donner une indication pour que vous puissiez vous rapprocher de ce tempo, si possible, en fin de votre set (j'y reviens dans quelques minutes…).

Demandez-lui aussi s'il compte Mixer son premier titre en calant le tempo sur votre dernier, ou s'il compte « partir de zéro » avec une intro.

Vous pouvez aussi lui demander quel matériel DJ il utilise (ordinateur portable avec un contrôleur USB, des platines CD…) afin d'anticiper comment il va s'installer et se câbler quand vous serez en train de finir votre set.

Prévenez-le de la durée de votre set, par exemple 1 heure (cela dépend de la façon dont est organisée la soirée), et que vous lui ferez un signe au moment où vous serez en train de terminer, afin qu'il se tienne prêt à enchaîner.

Par exemple, vous pourrez le regarder et lui faire un signe de la main : cela voudra dire qu'il vous reste 3 morceaux à passer, et ensuite c'est à lui.

2/ Comment Mixer la fin de votre set pour amorcer le passage de relais :

Adaptez le tempo à celui du set du DJ suivant en s'en rapprochant, sans non plus dénaturer votre style musical !

Allez-y progressivement sur au moins 3 ou 4 titres, et sans excès, restez cohérent ! ;-)

L'idée ici c'est de « fluidifier » le passage d'un set à l'autre (surtout si le DJ suivant compte caler son premier titre au tempo sur votre dernier !) afin que la manœuvre soit transparente pour les gens du dancefloor.

Lorsque vous jouez votre dernier titre, faites en sorte qu'il soit lu vers son début, afin de laisser un maximum de temps au DJ suivant pour qu'il puisse se caler dessus s'il le souhaite, ou pour qu'il ait suffisamment de temps pour bien faire la transition vers son set.

Idéalement, il faut qu'il lui reste plus de 2 minutes, mais 3 serait bien :-)

Si possible, prévoyez un morceau qui soit assez long pour accentuer cette démarche.

Et pour aller encore plus loin : essayez de jouer un titre le plus neutre possible en terme de tonalité (donc si possible sans mélodie) pour éviter d'avoir un « clash harmonique« .

Idem avec les voix : sans c'est mieux, et de manière plus générale, évitez de finir sur une grosse bombe, un titre à forte énergie, car cela peut rendre difficile le passage vers le set suivant qui commence peut-être par une intro ou un titre avec une énergie bien inférieure...

Dès que vous avez lancé votre dernier titre, prévoyez d'évacuer les lieux immédiatement : reprenez vos affaires, votre bac de disques, votre casque si le DJ suivant en a un à sa disposition...

Si vous Mixez sur ordinateur, déplacez-le en faisant attention à ne pas le décâbler (puisque votre dernier titre est encore en cours de lecture !) afin de laisser la place pour le matériel du DJ suivant.

Dès qu'il a lancé son set, dégagez votre ordinateur et tout ce qui reste à vous ;-)

Si besoin, vous pouvez expliquer rapidement au DJ suivant comment Mixer avec vos réglages des volumes sur la table de Mixage (potards des basses / médiums / aigus à « midi » par exemple, avec leur gain calé sur 0 dB…) afin qu'il s'y retrouve facilement, et qu'il puisse s'y adapter ou les modifier à sa façon.

Vous pouvez aussi le briefer sur comment Mixer au casque avec la pré-écoute (sur certaines tables haut de gamme comme la Allen & Heath Xone 92, ça peut être très compliqué !), et idem pour utiliser différentes fonctionnalités (effets, volume de la sortie Booth, courbe du cross-fader…).

Bref, mettez-le à l'aise pour qu'il puisse, à son tour, Mixer dans les meilleures conditions ;-)

3 Raisons pour Lesquelles vous DEVEZ Jouer en Public, Même si vous Débutez Totalement :

Chez les DJs débutants, on trouve généralement deux types de comportements pour ce qui est de vouloir Mixer en public :

1/ Ceux qui sont trop en confiance, qui sont « prêts » à « enflammer leur dancefloor » après 3 semaines de découverte du Mix : ils pensent que c'est facile et ils ont de bonnes chances de se planter, mais au moins ils n'ont pas peur d'essayer...

2/ Ceux qui manquent de confiance, qui attendent le « bon moment » et d'avoir un niveau suffisant en Mix : être modeste ou réaliste c'est bien, mais il ne faut pas tomber dans la « timidité » car c'est en se « confrontant » à un dancefloor qu'on progresse le plus...

Explications :

1/ Le DJing est un échange entre le DJ et son public :

Pour maîtriser l'art du DJing, il ne suffit pas de faire des prouesses en restant seul dans votre chambre !

Quelque soit votre niveau d'expérience, il s'agit de communiquer avec votre public, d'échanger avec lui en temps réel, en tenant compte de son ressenti, de ses réactions, et tout en essayant de le guider...

C'est bien sûr stressant (et excitant !) de ne pas savoir à 100% en avance ce que vous devrez faire pour que ça lui plaise et que les gens s'éclatent sur votre set, mais c'est aussi ce qui fait le charme du DJing : à vous d'improviser sur le moment, et de faire preuve de souplesse et d'adaptation pour qu'un maximum de danseurs kiffent votre prestation !

Cela a plusieurs points communs avec une phase de séduction, dans le sens où vous devez être habile en fonction de ce qui se passe en face de vous, et de sortir vos « atouts » aux bons moments, et de la meilleure façon possible ^^

A vous de comprendre votre public pour ne pas vous prendre un « vent » avec un dancefloor qui se vide, mais au contraire de le remplir, de le motiver, voire de le rendre fou... :-)

2/ Vous ne serez jamais « assez bon » pour Jouer en public :

Comme c'est le cas pour beaucoup de disciplines, plus vous apprenez et progressez en Mix, et plus vous percevez l'étendue des progrès à faire pour avoir un niveau « correct » (ce qui ne veut pas dire grand chose en soi).

Dit autrement, que vous ayez 2 mois ou 10 ans de pratique dans les pattes, il se peut que vous jugiez votre savoir-faire comme moyen ou « passable »...

C'est complètement subjectif, et ça dépend par rapport à qui vous vous comparez.

Le « bon » moment pour Mixer en public pour la première fois n'existe pas vraiment.

Si vous maîtrisez les bases du DJing (bien choisir vos titres pour votre set, savoir caler le tempo correctement, faire attention aux réactions de votre public et connaître plusieurs techniques d'enchaînements simples), vous pouvez jouer en public sans « culpabiliser » de ne pas être un pro des platines, ou de ceci, ou de cela...

Pour vous rassurer, vous pouvez très bien commencer par Mixer devant un dancefloor modeste (jusqu'à quelques dizaines de personnes), par exemple au cours d'un anniversaire, ou d'une soirée que vous organisez...

Votre prestation ne sera pas nickel (selon vos critères), que vous ayez quelques mois d'entraînement ou des années de pratique comme je vous le disais.

Et c'est tant mieux : cela prouve que vous pouvez aller encore plus loin dans votre progression.

Plusieurs personnes du public peuvent vous dire qu'ils ont aimé ce que vous avez fait, même si vous n'êtes pas convaincu, et plus vous répétez l'expérience de jouer en public, plus vous vous améliorez (même sans le savoir).

3/ C'est en Jouant en public que vous allez vous forger votre véritable expérience du Mix :

Vous apprendrez beaucoup plus en « affrontant » le dancefloor qu'en restant dans votre chambre, aussi bien en ce qui concerne vos techniques de Mix (bien plus délicates à réaliser une fois en « conditions réelles » à cause du bruit ambiant, du stress, du matériel qui n'est pas forcément le votre...), que votre programmation musicale (vous pensiez enchaîner les bons titres dans le bon ordre, mais votre public peut vous faire comprendre que « non ça ne passe pas »...).

Jouer en public pour vos premières fois ne marquera que le début de la deuxième phase de votre apprentissage.

En vous y collant le plus tôt possible, vous progresserez concrètement en tirant parti de vos propres expériences du Mix en public, et rien ne peut vous enrichir davantage !

Pour Mixer en Public, Préparez vos Sets en Avance pour Cette BONNE Raison :

Il y a un débat qui dure depuis longtemps dans le milieu des DJs : faut-il préparer ses sets en avance ou non ?

Cette question est valable aussi bien pour Mixer sur une radio que pour enregistrer une démo la plus « propre » possible.

Mais là où elle a le plus d'importance, c'est quand on va Mixer en public, car jouer un set 100% prévu en avance enlève une bonne partie de l'interaction qu'on peut avoir avec son public...

Voici ce que j'en pense :

1/ Pourquoi je vous recommande de préparer vos sets avant de les Mixer en public :

Ma réponse à ce débat est que je vous conseille de bien préparer votre set en avance si vous voulez assurer votre prestation, car cela vous permet tout simplement d'avoir le CHOIX...

Vous pouvez ainsi choisir de suivre votre playlist telle que vous l'avez construite « à tête reposée », OU vous pouvez improviser le choix des titres à enchaîner sur le moment en fonction des réactions de votre public !

Dit autrement, vous choisissez au moment de jouer si vous allez profiter des subtilités et du peaufinage inhérents à la préparation préalable de votre set, ou si vous allez plutôt exprimer votre spontanéité et votre capacité à vous adapter à la situation présente.

Quoi qu'il en soit, que vous soyez DJ débutant ou confirmé, avoir préparé votre set en avance permet de vous rassurer, de déstresser avant de passer aux platines, de vous faciliter le travail, mais sans non plus vous obliger à suivre un chemin prédéterminé !

2/ Comment bien préparer vos sets :

Pour préparer vos sets au millimètre près, vous pouvez vous aider du logiciel Flow DJ conçu par les créateurs de Mixed In Key (je le trouve moyen, mais l'idée qui est derrière est intéressante), et des « règles » du Mix harmonique pour le choix des morceaux.

Si vous Mixez sur logiciel ou sur CD, vous pouvez enregistrer vos points CUE et vos loops en avance, afin de gagner du temps pendant vos mixes !

Pour ce qui est de votre playlist, vous pouvez l'imprimer de manière très lisible en milieu obscur, et la garder à portée de main pour votre session dans votre bac de disques par exemple ;-)

3/ Soyez au top pour Mixer en public !

Il est possible de pousser la préparation plus loin en créant par exemple deux sets d'une heure chacun, mais dont les tempos ont 5 à 10 BPM de différence...

L'avantage c'est qu'une fois en soirée, vous pouvez choisir quel set jouer en fonction de l'humeur du public, et des DJs qui passent avant et après vous...

Bien sûr cela demande un certain temps à investir dans la création de vos playlists, mais vous pourrez très bien vous en resservir pour vos futures prestations ! ;-)

Décrochez des Bookings DJ dans les 5 Prochaines Semaines : 4 Combines à Appliquer RELIGIEUSEMENT !

Vous pensez maîtriser les bases techniques du DJing, du calage tempo au Mix Harmonique, et vous vous sentez prêt pour titiller du dancefloor ?

Parfait, sauf que vous ne devez pas oublier quelque chose de primordial en DJing (et comme c'est le cas dans beaucoup d'autres domaines) : connaitre les bonnes personnes est plus important que de savoir quoi faire...

Autrement dit, même si vous Mixez comme un dieu, ce n'est pas pour autant que vous allez pouvoir vous produire en public facilement...

Vous avez même du pain sur la planche !

Pour assurer vos futurs bookings DJ de manière plus efficace, voici ce que je vous recommande de faire systématiquement :

1/ Scrutez les abysses :

Fouillez « en profondeur » les disquaires physiques ou en ligne, et ne vous arrêtez pas aux « top 100" des titres les plus connus, ou les plus mis en avant.

Recherchez des morceaux que d'autres DJs ne trouveront pas car ils n'auront pas fais cet effort.

Construisez des sets uniques qui vous représentent, et mettez-y de votre personnalité.

N'oubliez pas que le rôle n°1 de tout DJ c'est de faire une sélection de titres qui cartonne, la technique (calage tempo, enchaînements aux faders...) ne venant qu'en second plan !

Votre sélection c'est vraiment ce qui peut vous distinguer des autres DJs « concurrents » : consacrez-y toute votre attention !

Vous aurez énormément de mal à décrocher des bookings si vous jouez les mêmes titres que les autres, qui eux sont peut-être déjà connus par les responsables d'établissements et par les organisateurs de soirées.

2/ Mixez, Mixez, Mixez...

Tout bon DJ vous le dira : rien n'arrive sans une pratique assidue.

Il faut que vous y passiez du temps si vous voulez connaître vos titres par cœur, en dénicher des nouveaux, les classer, les essayer, les retourner dans tous les sens... pour en maîtriser chaque détail !

Plus vous connaîtrez vos tracks, et plus vous serez apte à bien les choisir en temps réel quand vous serez face à votre public !

3/ Faites-vous (bien) voir :

Fréquentez les établissements et les événements pour lesquels vous aimeriez Mixer.

C'est l'occasion de tenter de vous rapprocher des organisateurs, ou des personnes clé qui pourraient, peut-être un jour, vous faire jouer !

Ne les accostez pas pour leur demander de Mixer directement et de prime abord.

Prenez d'abord le temps de faire connaissance, de parler de musique ou de la pluie et du beau temps, pour finalement leur donner une carte de visite par exemple (mais pas forcément un CD de démo, ils ont autre chose à penser sur le moment)...

Chaque chose en son temps : ne brûlez pas les étapes ;-)

4/ Devenez un collectionneur de refus :

Préparez-vous à encaisser des rejets : exactement comme c'est le cas avec la recherche d'emploi !

Plus vous allez en « bouffer », et plus vous aurez de chance de décrocher des bookings.

Soyez persévérant, et apprenez de vos « échecs » afin d'améliorer continuellement votre approche, et votre argumentaire.

Vous devez faire vos preuves pour convaincre les organisateurs de soirées de vous laisser jouer.

Ils « parient » sur vous en quelque sorte pour plaire à leur clientèle, vous devez donc les rassurer avant tout.

Pour faire face à ces refus potentiels, vous devez déjà être convaincu d'avoir le niveau suffisant en Mix pour assurer aux platines en public.

Pour cela, diffusez vos sets enregistrés sur internet via votre profil Soundcloud et votre compte Facebook.

Tentez d'obtenir le maximum de retours et de critiques, afin de « voir où vous en êtes ».

Vous pouvez aussi poster vos sets dans des forums pour avoir l'avis des membres, et si vous pouvez demander ce qu'en pensent des DJs expérimentés, c'est top !

DJ en Free Parties : les 7 Contraintes CHIANTES à Gérer

Si vous êtes amateur de Free Parties, vous imaginez sans doute que ce ne doit pas être tous les jours évident pour le DJ de travailler dans les meilleures conditions.

Et lorsque c'est votre tour de jouer en teuf pour la première fois, mieux vaut être au courant de certains facteurs qui peuvent littéralement ruiner votre prestation...

Les 7 facteurs à gérer pour mixer en teuf plus facilement :

1- Le mec bourré qui s'appuie sur le support des platines (une planche ou un fly-case sur des tréteaux par exemple), et qui fait sauter la cellule de votre platine vinyle.

Évidemment votre public a entendu qu'il y a eu un « bug » dans la musique, et vous, vous devez – gentiment – demander à la personne concernée si elle veut bien éviter de refaire la même connerie la prochaine fois...

Respirez alors un grand coup, et remettez-vous dans votre Set.

En espérant que vous n'arrivez pas bientôt à la fin du titre en cours de lecture pour ne pas vous « croûter ».

2- Les personnes (des potes ou des gens du public) qui viennent vous parler ou vous demander des trucs NON URGENTS pendant que vous êtes en train de mixer, particulièrement concentré à triturer les potards.

Parfois, on vient vous demander comment ça fonctionne le Mix entre les platines, la table de mixage et ce qu'on entend au casque...

Comment vous voulez assurer aux platines et en même temps expliquer à un néophyte ce que vous avez mis des années à comprendre ?!!

C'est gentil de vouloir discuter mais ça déconcentre complètement, ce n'est juste PAS LE BON MOMENT (on a toute la nuit pour discuter de techniques de Mix, de ceci ou de cela mais PAS pendant le Set !).

3- En teuf et suivant comment la line-up est prévue en fonction des différents styles joués, il se peut que vous jouiez tard, voire même très tard (à 9H du matin par exemple ^^).

Prévoyez le coup en organisant votre soirée de façon à pouvoir assurer au moment de passer aux platines.

Vous pouvez par exemple prévoir de dormir au moins un peu dans la nuit pour garder de l'énergie, et vous réveiller 1H avant de jouer ce qui vous laisse le temps de préparer votre bac et votre Set...

4- Le mur de son (la façade, c'est-à-dire la sono destinée au dancefloor) peut être proche de vous lorsque vous mixez.

Le problème c'est qu'il vous renvoie une « marrée » de basses légèrement décalées par rapport à ce que vous entendez dans le casque ou sur le retour, ce qui porte souvent à confusion.

Suivant la configuration de la façade et des enceintes de retour, ça peut vite devenir l'enfer pour caler vos tempos.

Le mélange des 3 sources sonores à gérer (votre casque, le retour et la façade) peut vous embrouiller, surtout au début de votre set (quand vous n'êtes pas encore habitué à l'environnement).

Le Mix au casque en utilisant les 2 oreillettes peut venir à votre rescousse, si vous vous y êtes entraîné avant chez vous !

5- Les gens du public (que vous ne connaissez pas forcément) qui viennent vous voir pour vous demander de monter le volume de la façade, de monter les basses ou pour d'autres réglages sonores...

Votre rôle en tant que DJ n'est PAS de gérer et de réajuster la façade, ce n'est PAS votre boulot pendant que vous êtes aux platines.

Et heureusement, car vous avez déjà bien assez de choses à gérer entre vos platines et votre table de Mix !

Renvoyez la personne vers l'un des organisateurs de la teuf ou vers le responsable de la sono.

6- Des fois, vous devrez jouer en plein air et lorsqu'il fait froid, en hivers par exemple.

Vous pouvez vous confectionner des mitaines : elles réchaufferont vos mains tout en vous laissant le côté tactile du toucher à main nue (indispensable si vous mixez sur vinyles).

Mettez plusieurs pulls plutôt qu'un manteau qui vous gênera dans vos mouvements, et pensez à relever vos manches pour avoir les mains parfaitement libres et dégagées.

N'oubliez pas votre écharpe, et votre bonnet éventuellement... Bon courage !

7- Les gobelets et boissons posées prêt des platines : à éviter absolument pour pas que ça ne se renverse sur des câbles ou sur votre bac de disques.

Et aussi pour éviter que le propriétaire de la boisson ne vienne la récupérer pendant votre set, ce qui peut nous ramener à la contrainte n°1 : la cellule qui saute si on bouge le support des platines.

Vous savez maintenant pourquoi mixer en teuf fait parti des meilleurs exercices possibles pour apprendre le DJing !

Alcool et mix : mauvais mélange !

1/ Les conséquences de la buvette

Le DJ est naturellement dans un contexte festif, l'alcool peut donc venir à lui (trop) facilement !

Une bière avant de mixer peut aider à se détendre ou à paraître « cool », seulement l'alcool fait perdre sa sensibilité musicale au DJ.

L'appréciation du son est affaiblie, floue, et la technique de mix devient vite approximative.

Bourré, on perd en finesse, en subtilité, les tempos se décalent... bref de quoi pourrir une prestation si on a abusé du précieux liquide :-/

Le mieux est donc de se limiter au maximum avant de passer aux platines, et se réserver pour « l'après set » pour mieux se détendre ;-) !

2/ Vous êtes bourré mais vous devez mixer, comment gérer ?

Le but c'est d'économiser des neurones pendant le mix !

– D'abord, commencez par bien préparer les disques que vous allez passer en les faisant sortir de votre bac, et préparez aussi leur ordre de passage.

– Vérifiez tout le matos de mix en avance : qualité du son en retour, paramètres de la table de mix (volumes, gains, courbes des faders et cross-fader...), assez d'éclairage sur les platines pour ne pas lutter dans le noir, le casque...

– Voyez avec le DJ qui passe avant vous comment et quand il compte finir son set : ça vous permettra d'anticiper sur le bon disque au bon tempo.

– L'alcool ça donne envie de pisser, pensez-y AVANT de passer aux platines :) !

– Les premiers disques que vous allez mixer doivent être dans le même style et le même tempo afin de vous faciliter la prise en main du matos, et de vous mettre dans le bain tranquillement.

– Prenez le temps nécessaire lors de l'écoute au casque pour bien caler les morceaux, afin d'éviter au maximum les réajustements pendant le mix.

– Utilisez des techniques simples pour mixer, uniquement celles que vous maîtrisez bien, rendez-vous la vie facile : ce n'est pas le moment d'innover ! :-)

Conclusion : la fête est plus folle sans alcool (OK, je sors :-)) !

Animation de Soirées : Pourquoi vous DEVEZ Passer des Titres qui ont « MARQUÉ l'Histoire »

Vous voulez réussir vos animations de soirées de mariages, d'anniversaires ou d'autres types d'événements ?

Jouez des œuvres qui ont fait un carton pendant plusieurs années, voire pendant plusieurs décennies !

En sortant le BON titre au BON moment pour les BONNES personnes, vous allez gagner la confiance et l'engouement de votre public, explications :

1/ Faites ressortir des émotions fortes lors de vos animations de soirées :

Si vous animez un mariage (par exemple), vous pouvez jouer des titres clé qui ont connu un grand succès il y a plusieurs dizaines d'années, afin de séduire la génération des parents ou des grand-parents des mariés en leur rappelant leur jeunesse.

La nostalgie de l'époque d'un Claude François peut ranimer la flamme qui est en eux, ils vous en seront reconnaissant :-)

Cette démarche conviendra probablement plus à un début / milieu de soirée, avant que les intéressés ne soient trop fatigués, mais c'est à adapter au cas-par-cas !

Vous pouvez ensuite jouer des titres qui ont marqué les esprits lors des 5 à 20 dernières années, afin de vous adresser à un public plus jeune (les mariés et leurs copains qui veulent se lâcher, et les ados par exemples).

Attendez bien sûr les bons moments pour passer ces morceaux judicieusement, afin de profiter pleinement de leur potentiel émotif.

Agissez toujours en restant attentionné à votre public, cela va de soi !

N'oubliez pas que les émotions ont un fort pouvoir sur les gens, cela peut devenir votre arme redoutable pour qu'ils gardent un souvenir mémorable de l'événement et de votre prestation ;-)

2/ Donnez un coup de boost pour motiver des gens réticents à venir sur le dancefloor :

L'animation de soirée peut être délicate à gérer si votre public n'est pas très réceptif à ce que vous passez comme musiques.

Si quelques téméraires osent se lancer sur la piste de danse sans trop de problème, ce n'est assurément pas le cas de la majorité des convives, et les motiver à se bouger un peu peut devenir une vraie galère...

Dans ce cas, jouer des titres bien sélectionnés et forcément connus des personnes concernées peut vous aider et vous servir de « démarreur ».

Peut-être que vous ne motiverez pas directement les invités les plus passifs à venir danser, par contre il se peut que leur conjoint ou leurs amis se réveillent, et les invitent à venir tâter du dancefloor...

Une synergie peut alors se créer, à vous de l'amorcer ^^

Essayez de faire danser les « leaders », les personnes qui ont l'air d'avoir de l'influence sur le groupe, afin qu'elles soient « de votre côté », et vous aident à motiver les troupes.

Ciblez les personnalités qui ont l'air festives, et tentez de les toucher avec des morceaux qui leur correspondent parfaitement pour lancer le mouvement !

Vous pouvez valoriser l'arrivée d'un prochain titre clé en l'annonçant au micro, pour préparer les esprits à danser dessus, et faire en sorte que les non connaisseurs anticipent.

Mettez-les dans une situation la plus confortable possible ;-)

3/ Animation de soirée et karaoké :

Cela peut paraître évident, mais passer des morceaux très connus du grand public lors de vos karaokés est d'une importance capitale.

Les invités peuvent se sentir mal à l'aise s'ils n'arrivent pas à chanter un minimum correctement sous prétexte qu'ils n'ont jamais entendu le titre avant !

Donc si vous choisissez mal vos titres, les gens ne seront pas motivés pour jouer le jeu, ce qui impactera directement sur l'ambiance et sur la réussite de la soirée...

Prenez uniquement des « valeurs sûres » pour assurer vos karaokés : des titres faciles à chanter et qui « parlent » clairement aux participants !

> ALLEZ PLUS LOIN :

Mixer en public est un aspect particulièrement kiffant et déterminant en DJing, et si vous voulez en savoir plus là-dessus, profitez tout de suite de votre Pack de Bienvenue (encore GRATUIT) :

La-guerre-des-potards.com/Livre

Vous allez y trouver (entre autres) une méthode pas-à-pas qui vous explique en détails comment bien assurer vos sets de warm-up (en début de soirée) ;-)

5- COMMUNICATION & NOTORIÉTÉ

Créez votre Logo de DJ Professionnel en 3 Étapes EXPLICITES (Exemple CONCRET Fourni) :

Si vous comptez devenir sérieux en Mix, vous avez peut-être pensé à créer votre logo de DJ afin d'affirmer votre image d'artiste...

C'est ce que j'ai fais il y a quelques mois, et je suis très content du résultat !

Voici comment vous pouvez en faire autant :

1/ Créez le brief pour votre logo DJ :

Rédigez un brief le plus clair et complet possible, afin de bien préciser ce que vous voulez obtenir comme résultat, et qui soit compréhensible sans ambiguïté par un graphiste que vous ne connaissez pas (et qui ne vous connait pas non plus !).

Voici quelques recommandations :

– Vous pouvez vous baser sur votre nom d'artiste et / ou partir sur un visuel dédié.

Le fait de designer votre nom permet aux gens qui ne vous connaissent pas de s'en rappeler plus facilement ;-)

Ne mettez pas d'autres infos comme votre adresse MySpace, Soundcloud ou autre : il s'agit d'un logo, pas d'une carte de visite ;-)

– Faites quelque chose qui se distingue des logos des autres DJs, afin de développer votre originalité et votre personnalité musicale.

Vous pouvez proposer plusieurs idées au graphiste, mais laissez-lui le moyen de s'exprimer et de proposer sa vision, c'est son boulot, ne le bloquez pas dans sa créativité !

Décrivez-lui votre vision du Mix, le style que vous jouez (quitte à lui envoyer quelques morceaux pour qu'il voit le genre) et vos traits de caractère, afin qu'il produise un design cohérent avec votre personnalité : vous devez vous « retrouver en lui » ;-)

– Restez simple : fuyez les idées complexes ou trop sophistiquées, privilégiez une bonne lisibilité (on doit comprendre le nom ou le design en une fraction de seconde, juste le temps d'un survol de l'œil) !

Pensez à vos futurs fans qui verront votre logo de DJ en tout petit sur un flyer, ou dans l'obscurité lors d'une soirée quand vous jouez en public...

– Évitez les écritures ou les formes en 3D, sauf si vraiment ça apporte quelque chose et que ça reste clairement visible et compréhensible.

Idem pour les jeux d'ombrage, un visuel complètement à plat fonctionne très bien.

– Fournissez des références dans votre brief pour guider le graphiste : exemples de logos dont vous aimez bien le style (élégant ? Cartoon ? Futuriste ? ...), ou les couleurs (chaudes contenant du jaune ? Froides ne contenant pas de jaune ? Avec des dégradés ?), ou encore les formes (plutôt arrondies ? Angulaires ?)...

Vous pouvez rechercher de l'inspiration en utilisant Google Image, ou encore en naviguant sur des sites comme Fotolia.

2/ Trouvez un graphiste professionnel :

Recherchez un graphiste qui a déjà créé des dizaines de logos, et si possible pour DJs (mais c'est déjà plus rare !).

Orientez-vous vers un freelance plutôt qu'une agence / studio pour réduire vos coûts : vous pouvez déposer une annonce avec votre brief sur des places de marché de freelances comme 99 designs, Graphistes Online, ou encore With Designers...

Vous pouvez aussi taper « graphiste logo freelance » dans Google...

Demandez des devis, puis comparez les prix et l'expérience / crédibilité des graphistes.

Choisissez votre prestataire en fonction de votre budget et des infos récupérées.

Prévenez les autres graphistes qui vous ont envoyé un devis qu'ils n'ont pas été retenus par courtoisie.

3/ Validez votre logo de DJ :

A chaque fois que votre graphiste vous envoie une « preview » (c'est-à-dire une maquette provisoire), validez les éléments qui vous plaisent et décrivez ceux à corriger.

Encore une fois, soyez précis sur vos retours afin de l'aider à bosser rapidement et efficacement ;-)

Lorsque votre logo de DJ final est validé à 100%, récupérez bien les fichiers en versions sources et exportées, par exemples :

– PSD : format source de Photoshop, le logiciel de référence pour les professionnels.

Vous ne pourrez pas le lire si vous n'avez pas Photoshop, mais c'est important de récupérer votre logo sous ce format si vous avez besoin de corriger (ou de faire corriger) quelque chose dessus plus tard (normalement ce n'est pas le cas, mais bon...), ou si vous souhaitez « extraire » un élément du design (comme l'arrière plan ou une forme par exemples).

– AI : format source d'Illustrator, un autre logiciel de référence des graphistes professionnels.

– JPEG : format exporté pour le web que vous pouvez lire avec n'importe quel logiciel de visionnage de photos basique.

– PNG : format exporté pour le web qui permet de garder la transparence (pour ne pas avoir de fond blanc ou noir par exemple), indispensable !

– EPS : format adapté à l'impression sur papier.

– PDF : format exporté qui fonctionne bien pour l'impression sur papier et autres supports.

Les 9 Éléments CAPITAUX que Vous Devez Intégrer sur votre Site DJ

La majorité des DJs se contentent d'avoir une page Facebook pour partager des infos avec leurs amis et leurs fans, ou pour faire leur promotion.

Quelques uns utilisent des sites plus spécialisés : on avait MySpace il y a quelques années, puis d'autres sont apparus.

Mais les artistes plus professionnels ont généralement leur propre site DJ, qui leur sert de « vitrine » pour leur activité.

Voici plus de détails :

1/ Pourquoi avoir un site de DJ ?

Avoir votre propre site « officiel » vous permet de vous distinguer de la moyenne, de la majorité des amateurs.

Bien sûr cela a un coût (l'hébergement et la création du site), c'est un peu de boulot et du temps à y consacrer, c'est pourquoi c'est plutôt destiné aux professionnels.

L'avantage c'est que votre site peut coller parfaitement à votre image : en passant par un graphiste vous aurez un visuel bien plus sympa et convaincant qu'une page Facebook toute bleue et standardisée...

Vous pouvez être intéressé par la création de votre site DJ si vous êtes DJ pro en club, compositeur, ou DJ mariage / animation, car le but recherché est le même : vous aider dans la promotion de votre activité.

2/ Les 9 éléments capitaux à intégrer sur votre site de DJ :

Pour avoir un site DJ complet, vous pouvez y placer ces différents éléments :

– Votre logo : il s'agit de la première chose que vos visiteurs doivent voir (et retenir), car il s'agit de votre identité visuelle propre.

Si vous faites parti d'un collectif / sound-system ou autre, vous pouvez aussi afficher leur logo, mais avec une importance moindre.

– Des vidéos (de bonne qualité) que vous avez posté sur Youtube où on vous voit en train de Mixer ou d'animer un événement : cela peut donner envie à vos visiteurs de vous contacter et de passer par vous pour une prestation.

Vous pouvez également créer une galerie photo dans le même ordre d'idée.

– Le lecteur audio de votre page SoundCloud (ou Mixcloud) : vous pouvez ainsi faire écouter vos sets et / ou vos titres à vos visiteurs sans avoir à les renvoyer sur le site qui héberge vos sons !

– Votre biographie (idéalement en français ET en anglais), avec au moins une photo de votre visage (pour qu'on puisse vous identifier facilement), et plusieurs photos en « live act » pendant que vous jouez en public.

Vérifiez leur éclairage / luminosité, ainsi que leur qualité globale :

vous devez vous mettre en valeur, donc choisissez-les bien !

Vous pouvez ajouter votre discographie à votre biographie si vous avez sorti des titres (surtout sur des labels !).

Profitez-en pour y inclure les liens pour acheter vos morceaux le cas échéant.

– La liste de vos clients (les plus importants / connus en premier) : l'idée c'est de montrer que vous ne débarquez pas de nul part dans votre métier, mais que vous avez déjà fait vos preuves concrètement ;-)

– Des témoignages de clients satisfaits : vous pouvez « interviewer » des patrons d'établissement, des mariés, des danseurs, et citer leurs propos sur votre site (avec leur accord !)...

Le but étant de vous faire gagner en crédibilité !

– Un formulaire de contact (simple avec le minimum de champs à remplir par le visiteur), ainsi que vos coordonnées complètes (adresse email, téléphones fixe et portable, page Facebook...) pour être sûr de pouvoir être contacté facilement.

– Un descriptif précis et clair des prestations que vous assurez : DJ mariage / animateur / réception capable de passer de la musique pour une audience « généraliste » ?

Liveur Hardcore fan des raves parties et de teknivals?

DJ en club / discothèque ? ...

– Les boutons de partage social (qu'on trouve régulièrement sur les différents sites) : Facebook (« J'aime » et lien vers votre page Facebook), Tweeter, Google +...

Vos visiteurs doivent pouvoir partager vos pages en 1 click ;-)

>>> EN OPTIONS :

– Vous pouvez présenter un calendrier sur lequel vous affichez vos disponibilités pour les jours / soirées à venir.

Mais attention : ne le faites que si vous êtes déjà bien booké régulièrement, car si votre agenda est vide les visiteurs vont se dire que vous n'avez pas de succès, et vont donc allez voir ailleurs...

– Un Kit Presse à télécharger : que vous comptiez apparaître dans les médias ou pas, cela peut être intéressant d'ajouter un lien en pied de page pour les journalistes.

Vous gagnez en « valeur » / crédibilité, et si jamais un journaliste en a besoin, c'est à portée de main pour lui !

Créez un dossier zippé contenant des photos de vous, votre biographie en PDF, pourquoi pas un Set en MP3...

Bref, tout ce qui pourrait lui servir à rédiger un article à votre sujet ;-)

– Des flyers sur lesquels votre nom / pseudo est présent : vous montrez ainsi que vous avez déjà Mixé en public dans tel établissement, où à tel événement.

Cela peut vous être utile si vous débutez, ou que vous n'avez pas encore de « grosses » références.

– Une rubrique « News » : seulement si vous en publiez assez régulièrement, sinon vos visiteurs vont voir que ce n'est pas à jour !

3/ Quelques exemple de sites de DJ bien foutus

> Le site de DJ Tendaji Lathan : djtendajilathan.com

> Le site de DJ Deal : dj-deal.fr

Vous pouvez aussi regarder le mien pour découvrir mes sons :-)

=> yannoo-dj.com

(Bon OK il claque moins que les deux précédents, c'est du fait maison ^^).

Changer Votre Nom de DJ : 2 Situations CLASSIQUES :

Peut-être que vous avez déjà un nom de DJ et que vous vous dites que vous devriez le changer pour une raison ou pour une autre...

Il y a plusieurs situations pour lesquelles c'est vivement recommandé de le faire évoluer, même si votre nom de DJ actuel vous suit depuis des années...

Explications :

1/ Votre nom de DJ n'est plus d'actualité :

Si vous pensez que votre nom de DJ ne convient plus, il est peut-être temps d'en changer.

Les raisons peuvent être nombreuses :

– Vous vous êtes rendu compte qu'il est trop compliqué à prononcer ou à retenir pour votre public qui vous suit, ce qui est dommage !

– Vous ne vous identifiez plus à ce nom car il ne vous plaît plus du tout, vous le trouvez peut-être ridicule ou ringard, ou encore il peut vous évoquer une autre époque de votre vie qui est maintenant révolue...

Vous l'aviez d'ailleurs peut-être choisi vite fait, un peu à l'arrache sans vous prendre la tête et sans doute sans avoir imaginé les conséquences qu'il aurait pu avoir sur votre future carrière de DJ…

– Vous avez évolué dans votre façon de mixer et notamment en ce qui concerne vos styles musicaux, et votre nom de DJ ne colle plus à l'image que vous voulez transmettre par rapport au public de ces styles…

– Votre nom de DJ sonne un peu bidon et cela ne vous dérangeait pas quand vous débutiez dans le mix, mais maintenant que vous comptez devenir DJ pro, vous trouvez pertinent le fait d'en changer pour gagner en crédibilité…

Cela est d'autant plus vrai si vous voulez intégrer un label ou un crew renommé par exemple.

– Vous aviez utilisé votre prénom ou votre nom de famille entièrement ou partiellement, mais le fait d'être potentiellement identifiable vous gêne pour développer votre notoriété…

2/ Vous êtes DJ / Producteur dans différents styles musicaux :

On voit plusieurs DJs et / ou producteurs portant un nom différent pour chaque style musical qu'ils développent.

Par exemple, la même personne « réelle » se fera appeler « Trucmuche » dans le domaine de l'Electro, « Untel » dans le domaine du Dubstep, ou encore « Machin » dans le Hardcore…

Les avantages de fonctionner comme ça :

– Vous distinguez clairement chaque domaine musical dans lequel vous évoluez, ce qui aide vos publics à vous cerner plus facilement.

Vous êtes « Machin, DJ Hardcore » et non pas « Machin, DJ Hardcore, un peu Hardstyle, des fois Dubstep mais aussi Drum'n'Bass... ».

Votre nom de DJ est associé à un seul style ce qui rend les choses simples et faciles à retenir.

– Si vous vous « grillez » dans un style (si vous souffrez d'une mauvaise réputation ou que vous avez fait un truc qu'il ne fallait pas), vous ne perdez pas de crédibilité dans les autres styles.

Les inconvénients d'avoir plusieurs noms de DJ :

– Vous devez travailler votre notoriété indépendamment dans chaque style de musique, ce qui vous fait perdre du temps pour votre carrière de DJ globale !

– Vous devez vous créer un logo pour chaque nom de DJ que vous portez, ce qui fait des frais et du travail en plus...

Idem pour vos cartes de visite aussi...

Donc suivant votre approche (un ou plusieurs noms de DJ /

producteur), vous pouvez choisir de changer de nom (ou pas), ou d'en créer des nouveaux en fonction de votre situation.

Pour ma part, j'ai toujours cherché à mixer et à produire de la Hardtek ou des sous-styles très proches, donc l'unique nom de DJ « YannOO » me convient parfaitement.

Mais même si demain je m'investi dans un autre style, je garderai un nom unique pour maintenir une simplicité et une unicité parmi tout ce que je créé :-)

Pourquoi vous Devez ARRÊTER de Publier vos Mixes sur Soundcloud (+ 4 Alternatives)

Vous connaissez sans doute Soundcloud, un site qui permet de poster des morceaux et des Mixes, puis de les partager sur internet.

De plus en plus de DJs le délaissent pour y héberger leurs Mixes, vous allez voir pourquoi...

1/ Comment enregistrer vos Mixes proprement et pourquoi les diffuser sur internet :

Pour enregistrer vos Mixes avec la meilleure qualité possible, vous pouvez consulter le chapitre dédié : « Enregistrer son mix ».

Une fois que votre Mix est enregistré, vous pouvez vous en servir pour vous faire connaître en le diffusant sur internet via des plate-formes spécifiques (j'y reviens dans un instant), et sur les réseaux sociaux (Facebook, Twitter...).

Enfin, en recueillant l'avis d'autres personnes sur votre travail vous pourrez noter des critiques constructives, et ainsi améliorer vos Mixes par la suite !

Cela vous aide à prendre du recul sur ce que vous faites.

2/ Pourquoi vous devriez oublier Soundcloud pour diffuser vos Mixes :

Soundcloud est une plate-forme clairement plus adaptée aux titres plutôt qu'aux Mixes.

Pour un compte gratuit sur Soundcloud, vous êtes limité à 2 heures de son.

C'est correct pour des morceaux uniquement, par contre pour héberger des Mixes pouvant durer de 30 minutes à 1H30 chacun (par exemple), le seuil est trop vite atteint !

L'autre souci c'est que maintenant Soundcloud n'accepte plus d'œuvres musicales soumises à des droits d'auteur.

Comme les Mixes utilisent des titres de différents artistes par définition, Soundcloud peut supprimer vos créations publiées sans vous prévenir.

Rien ne garantie donc la diffusion de vos bébés sur cette plate-forme :-/

3/ Les 4 alternatives à Soundcloud pour publier vos Mixes :

Voici 4 plates-formes sur lesquelles vous pouvez héberger et diffuser vos Mixes gratuitement :

– Mixcloud.com : une très bonne alternative à Soundcloud, mais ne permet pas le téléchargement.

Possible d'utiliser un widget.

– Mixcrate.com : téléchargements possibles, pas de widget.

– Mix.dj : téléchargements possibles, pas de widget, gratuit mais limité (moins bien que les alternatives précédentes).

– House-mixes.com : téléchargements possibles en étant membre, widget possible.

Voila, avec ces plates-formes vous devriez être plus tranquille en terme de légalité pour la diffusion de vos Mixes.

Dans tous les cas, conservez bien une copie de vos bébés sur votre ordinateur ou sur votre propre serveur.

Remarque : vous pouvez aussi vous servir de ces sites pour écouter les Mixes d'autres DJs pour « vous faire l'oreille », même si vous n'uploadez pas les votre ;-)

Les 3 Clés ESSENTIELLES pour Fidéliser vos Fans (et Comment en Obtenir Davantage) :

Si vous comptez vous faire connaître un minimum dans le monde des musiques électroniques (DJing et / ou M.A.O.), vous devez développer votre « audience » en diffusant vos sons au maximum.

Le but est de vous constituer une base de fans, des personnes qui adorent ce que vous faites, qui vous soutiennent, et qui vous suivent régulièrement.

Voici comment vous pouvez vous y prendre :

1/ Mettez à jour vos profils régulièrement :

Alimentez votre compte Soundcloud et / ou Mixcloud (ou d'autres services du même genre) en nouveaux sets et / ou titres de façon régulière.

Ne mettez pas votre profil à jour trop souvent en bombardant de nouveaux Mixes.

Vous pouvez vous donner un rythme d'une mise à jour chaque semaine (par exemple), mais mettez-les en valeur.

Vous pouvez en parler sur les réseaux sociaux comme Facebook, Twitter, Google Plus, et inciter les gens à faire tourner l'info...

Vous pouvez même annoncer le prochain set qui sera publié sur votre profil en avance, afin de créer une sorte de « mini-teasing », ce qui augmentera son impact ;-)

Si par défaut vous ne permettez pas le téléchargement de vos œuvres, vous pouvez les envoyer à vos fans par un autre moyen (par email par exemple) : il se feront un plaisir de réécouter vos sets joués en public lors d'une soirée où ils étaient présents par exemple ;-)

Vous pouvez les solliciter pour qu'ils vous donnent leur avis sur votre set, ou sur votre production en cours de finition (« preview »).

2/ Avertissez vos fans le plus tôt possible :

Prévenez-les en avant première pour vos futures prestations en public (soirées, événements...) via votre profil, votre blog, votre page Facebook ou encore votre mailing-list si vous en avez établi une.

Si vous disposez d'un outil de calendrier en ligne accessible publiquement, mettez-le à jour dès que vous avez du nouveau (un booking de soirée, la sortie d'un de vos titres ou d'un remix...).

Vos fans auront sans doute envie d'être présents aux futures soirées où vous vous produisez, c'est la moindre des choses de les tenir au courant dès que possible !

3/ Partagez des trucs avec vos fans :

Vous pouvez partager des photos et des vidéos de vos prestations passées avec vos fans.

Pour cela, vous pouvez héberger gratuitement vos photos sur un site spécialisé comme Flickr ou Pinterest, et vos vidéos sur Youtube ou DailyMotion.

Ces sites proposent des options pour partager facilement vos contenus vers les réseaux sociaux...

Si cela correspond à votre personnalité, vous pouvez leur faire tourner des photos et / ou des vidéos moins « officielles », un peu plus personnelles.

Par exemple des images de vous en backstage, en train de répondre à une interview, ou encore pendant que vous vous tapez un délire (bon faut pas montrer n'importe quoi non plus, c'est votre image qui est en jeu !)...

L'idée étant de créer plus de connivence avec eux, en leur demandant de garder ces fichiers pour eux, un peu comme une exclusivité.

Vos fans se sentiront alors privilégiés, ce qui pourra renforcer votre relation avec eux ;-)

> ALLEZ PLUS LOIN :

Pour vous faire connaître à un niveau plus large, vous devez constamment développer votre réseau de relations dans le milieu...

Et pour cela, vous pouvez vous faciliter la tâche dès maintenant en téléchargeant (gratuitement) votre Pack de Bienvenue :

La-guerre-des-potards.com/Livre

Vous allez profiter – entre autres – d'un guide (au format PDF à télécharger sur votre ordinateur) qui vous explique comment aborder et convaincre des promoteurs de soirées (même si vous ne savez pas du tout comment vous y prendre actuellement !) ;-)

6- ORGANISATION DE SOIRÉES

3 (+1) Façons ASTUCIEUSES de Positionner l'Espace DJing Quand vous Organisez une Fête...

Si vous organisez des fêtes de temps en temps, ou que vous donnez un coup de main aux organisateurs, vous allez pouvoir les aider et les conseiller quant au placement de l'espace Djing.

Plusieurs critères doivent être pris en compte, comme le fait de voir son public pour le DJ (et l'inverse), ou encore comment avoir une acoustique optimale pour Mixer !

Vous allez découvrir 3 possibilités d'aménagement de la « cabine du DJ », avec leurs avantages et inconvénients par rapport au son émis par la façade (c'est-à-dire les enceintes prévues pour le dancefloor)...

1/ Configuration n°1 : au milieu derrière la façade :

Lors d'une teuf qu'on avait organisé il y a quelques années (une Z.A.T. en région parisienne), l'espace sur les côtés de la façade étaient trop restreints pour y placer l'espace DJing (nous étions sous un pont).

On l'a donc mis au milieu derrière les enceintes.

> Avantages : bien pour être vu du public et pour le voir s'il y a une ouverture entre les enceintes (entre 2 « stacks » d'enceintes par exemple).

> Inconvénients : l'acoustique est mauvaise pour le DJ car il se prend le « retour des basses » de la façade de plein pot.

C'est-à-dire qu'il entend trop le son émis pour le dancefloor, malgré que ces enceintes ne soient pas tournées vers lui, et ce « brouhaha » de basses est très perturbant pour Mixer, notamment pour caler le tempo « à l'oreille » !

L'enceinte de retour était placée sur la droite, mais son volume ne couvre pas du tout celui émis par la façade, ce qui génère une sorte de conflit entre les deux...

2/ Configuration n°2 : sur le côté de la façade avec les enceintes de retour entre la façade et le DJ :

> Avantages : configuration impeccable car le son ne provient que d'un seul côté : celui de la façade.

L'autre côté étant « libre » pour se focaliser sur l'écoute au casque.

L'autre avantage c'est de pouvoir voir et être vu par le public qui danse.

> Inconvénients : cette configuration impose de disposer d'un minimum de place sur le côté de la façade, ce qui n'est pas toujours évident ou possible.

3/ Configuration n°3 : face à la façade :

> Avantages : cette disposition est bien pour les liveurs (qui n'ont pas de tempo à caler), car ils peuvent profiter pleinement de la puissance des enceintes de la façade, tout en gardant un œil sur leur public.

> Inconvénients : pour les DJs utilisant des platines, il faut prévoir des enceintes de retour, car sinon le calage tempo est presque impossible : les enceintes sont trop éloignées de l'oreille, ce qui créé un retard important.

Le désavantage au niveau organisation, c'est qu'il faut prévoir des câbles assez longs pour relier la table de Mix aux amplis, tout en les protégeant du public qui risquerait de marcher dessus, ou de se les prendre dans les pieds !

4/ Configuration n°4 : au dessus de la façade et du public :

J'évoque cette configuration comme un « bonus » car elle n'est pas destinée à l'organisation de fêtes de tailles modestes ou moyennes...

Il s'agit de disposer d'une « scène » surélevée, avec un gros échafaudage ou à l'aide de structures comme on le voit dans des concerts (ou dans des gros festivals) !

L'espace DJing est en hauteur, placé au-dessus de la foule et des enceintes principales destinées au dancefloor.

> Avantages : configuration optimale car le DJ voit – et est vu par – son public, et les retours de basses provenant de la façade sont limités.

De plus, les DJs sont plus « protégés » des gens du public qui pourraient venir les déranger pendant leur prestation, en venant leur parler pendant qu'ils Mixent par exemple :-)

> Inconvénients : nécessite d'avoir de sérieux équipements de scène (et une organisation en béton !), destinés à un usage professionnel !

Astuce bonus : quelque soit la disposition de l'espace DJing dans les fêtes que vous organisez : ne mettez pas d'enceintes de retour sur le même support (planche, table...) que celui sur lequel les platines vinyles sont posées, afin de leur éviter toute vibration (qui pourrait faire sauter la cellule).

Autre astuce pour s'isoler des retours de basses de la façade : il s'agit de placer un élément qui « absorbe » (ou atténue) le son entre l'espace DJing et la façade, par exemple un camion s'il s'agit d »une free party ou d'un festival ;-)

Comment Disposer vos Enceintes de Retour de Façon EFFICACE pour une Acoustique OPTIMALE

Vous allez découvrir comment optimiser au mieux le placement de vos enceintes de retour pour Mixer dans les conditions les plus favorables possibles.

Ces astuces s'appliquent aussi bien dans votre espace DJing à la maison, comme sur scène lorsque vous jouez en public…

1/ Les enceintes de retour, c'est quoi ?

Les enceintes de retour sont celles qui sont placées au niveau de l'espace DJing et spécialement prévues pour le DJ.

Le but c'est d'avoir un son clair et direct pour pouvoir Mixer plus facilement que si on devait se focaliser sur le son de façade (les enceintes qui animent le dancefloor).

Ces enceintes de retour peuvent être actives (c'est-à-dire auto-amplifiées) ou passives (alimentées par un amplificateur externe) : cela ne change en rien le confort d'écoute.

Elles peuvent avoir une forme rectangulaire « classique » en étant posées à la verticale (recommandé), ou de forme trapézoïdale posées au sol comme on le voit souvent sur des scènes de concert (je vous déconseille cette configuration car le son est moins direct et plus éloigné de votre oreille).

Les enceintes de retour sont clairement indispensables pour les DJs qui Mixent sur platines vinyles, CD ou MP3 pour pouvoir caler le tempo correctement.

En revanche, elles sont facultatives pour les « Liveurs« , c'est-à-dire les DJs qui utilisent des logiciels « sequencer » (pour lancer des boucles, des samples ou des effets) comme Ableton ou Fruity Loops, ou encore sur machines physiques (samplers, boîtes à rythmes, multi-effets...), car ces DJs n'ont pas de tempo à caler.

2/ Comment bien placer vos enceintes de retour pour une écoute de bonne qualité :

Dans un premier temps, vous devez faire attention à garder une distance suffisante entre la ou les enceinte(s) de retour et vos platines si vous Mixez sur vinyle, car sinon vous risquez d'avoir du larsen.

Comptez un espace de 1,20 mètre maximum, testez et voyez si c'est OK.

Si vous le pouvez, placez vos enceintes de retour sur des pieds de manière à avoir les médiums à hauteur d'oreille.

Si vous n'avez qu'une enceinte : placez-la du côté opposé à celui où vous faites la pré-écoute au casque.

De cette manière, vous pourrez distinguer plus facilement les 2 sources sonores ;-)

Si vous avez 2 enceintes : disposez-les à droite et à gauche pour avoir le son en stéréo.

3/ Comment améliorer l'acoustique globale en dehors des enceintes de retour :

Chez vous : évitez de placer les enceintes près d'un mur et surtout d'un coin de la pièce pour éviter au maximum la réverbération (le son qui se répercute sur les surfaces).

Moins vous aurez de réverbération et moins vous aurez de mal à caler vos tempos.

Évitez de les poser sur un meuble ou tout objet susceptible de vibrer.

Utilisez du caoutchouc ou de la matière « absorbante » pour amortir les vibrations provoquées par les enceintes (pensez aux voisins !).

Vous pouvez aussi utiliser un isolant acoustique à coller aux murs (ou des boîtes d'oeufs si vos moyens sont limités ;-)), ainsi que de la moquette spéciale pour le sol.

Vous Recherchez un DJ pour ASSURER Votre Événement ? Voici Comment Faire :

Vous allez découvrir un moyen efficace pour effectuer votre recherche de DJ rapidement…

1/ Recherchez un DJ qui correspond à votre besoin :

Dans un premier temps, définissez clairement votre besoin : vous recherchez un DJ pour animer un mariage, un anniversaire, une soirée d'entreprise ?

Ou encore vous organisez un événement festif et vous souhaitez louer les services d'un DJ connu pour ramener plus de monde ?

Établissez vos critères de sélection et l'importance de chacun :

– Les styles de musique que le DJ devra jouer : plutôt « généraliste » ou expert dans un style bien particulier ?

Prenez en compte les goûts du public attendu et la façon dont va évoluer la musique au cours de l'événement.

– L'expérience du DJ : peut-il être « plus ou moins débutant » (tout en restant professionnel), ou doit-il avoir plus de 10 années de métier, ou encore une notoriété de niveau national ?

– Votre budget : la prestation de votre DJ devra-t-elle inclure le matériel de sono (enceintes, amplis...) ainsi que des éléments pour la décoration (lumières, machine à fumée...) ?

Votre budget doit prendre en compte les 2 critères précédents.

2/ Utilisez des outils efficaces pour rechercher votre DJ idéal :

– Dream-night.fr : ils proposent des packs en fonction du nombre de personnes prévues (50, 100, plus de 100...), avec des options possibles pour s'adapter à votre besoin.

Plus de 300 artistes référencés.

– DJcontact.fr : un annuaire pour vous donner accès aux coordonnées des DJs animateurs directement.

Vous pouvez y déposer un appel d'offre pour obtenir une réponse sous 24H.

– Groupe-mef.fr : ils proposent plusieurs types de prestations avec le matériel sono et lumière nécessaire.

3/ Finalisez votre recherche de DJ :

Vous avez maintenant plusieurs DJs professionnels qui peuvent jouer à votre événement.

Comparez vos prestataires potentiels et sélectionnez le(s) meilleur(s) en fonction des critères que vous avez listé précédemment.

Si vous ne l'avez pas encore fait, confirmez la réservation de vos prestataires et le matériel associé.

Les 5 Éléments FONDAMENTEAUX pour Organiser Votre Free Party

Vous allez découvrir dans les lignes qui suivent les points essentiels à gérer pour organiser des free parties, ainsi que des conseils pour vous y aider facilement…

1/ Une free party, c'est quoi ?

Une free party (aussi appelée « teuf », ou « tawa »…) est une fête illégale dans le sens où ses organisateurs n'ont pas d'autorisation officielle pour assurer l'événement, notamment en ce qui concerne le terrain utilisé généralement sans l'accord de son propriétaire.

Les participants se font donc tourner l' « infoline » par messages privés, soit par le biais d'un numéro de boîte vocale, soit par SMS : ils récupèrent ainsi les informations qui leur permettront de se rendre au spot en question.

Dans certains cas, un flyer est diffusé avec le numéro de cette infoline, débloquée au dernier moment lorsque la fête démarre.

Ces fêtes se déroulent donc souvent en extérieur dans un champ, une clairière ou en intérieur dans un squat ou un bâtiment désaffecté (une ancienne usine par exemple).

Le terme « free » fait référence à l'entrée libre et ouverte à tout le monde, souvent en échange d'une donation : les participants donnent ce qu'ils peuvent pour contribuer à rembourser les frais élémentaires des organisateurs (essence pour les groupes électrogènes, amendes, frais de logistique...).

Le principe des free parties contrairement aux « raves parties » (et aux autres types de soirées) est celui de l'auto-gestion : aucune aide extérieure n'est requise pour que la fête se déroule correctement.

L'Etat n'est pas sollicité par l'événement, les services de police ou de sécurité ne sont pas invités (!), tout comme la SACEM qui tenterait de faire valoir des droits d'auteur pour le fait de jouer de la musique en public (la majorité des titres joués en free parties sont libres de droit).

L'entre-aide et la responsabilité entre tous les participants de free parties sont des piliers essentiels, et permettent d'assurer l'autonomie de ces événements (qu'on appelle aussi « Zones d'Autonomie Temporaire »).

2/ Les 5 éléments capitaux à gérer pour oganiser une free party :

Voici un aperçu des points principaux à assurer pour poser une free partie :

– Le spot : le lieu pour poser une teuf doit idéalement avoir plusieurs accès, et si possible : prévoyez un « spot de secours » à proximité, au cas où vous devriez changer de plan au dernier moment.

Faites une reconnaissance du terrain en avance et de jour, en prévoyant un « parking » afin de pouvoir garer les véhicules de tous les participants.

Pendant la fête, gardez au moins un chemin d'accès dégagé en permanence pour que les secours puissent intervenir en cas de soucis.

Le spot ne doit présenter aucun danger : pas de précipice, pas de voie de chemin de fer, pas de plafond qui risque de s'écrouler sur les participants...

– L'infoline : vous pouvez utiliser un répondeur vocal personnel, ou une boîte vocale professionnelle (de type 3672* et numéro dédié...).

Ne diffusez pas l'infoline sur internet ou Facebook pour ne pas vous faire griller en avance : diffusez-la par le bouche à oreille (messages privés) quand vous êtes sur place et que la sono est en train d'être montée.

– Le matériel de logistique : prévoyez le transport de tout le matériel en camions si possible, avec plusieurs voitures si vous ne pouvez pas faire autrement.

Vous devez avoir des groupes électrogène en nombre et puissance suffisants pour alimenter vos amplificateurs (et l'essence qui va avec pour tenir entre 12 et 18H).

Pensez aussi aux câbles électriques avec des rallonges et des multi-prises.

Enfin, n'oubliez pas des tables (ou des planches avec des tréteaux) pour poser tout le matériel de DJing, des tonnelles pour le protéger de la pluie, et des bâches avec de la corde.

– Le matériel DJ et sono : prenez l'ensemble du matériel nécessaire à chaque DJ : des platines vinyles et / ou CD, les ordinateurs et les contrôleurs USB éventuels qui vont avec, 2 casques, des cellules de rechange si vous le pouvez (si vous avez un diamant qui vous lâche, votre soirée peut être foutue !).

Prenez tout ce que vous avez en câbles audio (RCA, Jack, Speakon...) et les connecteurs (gros Jack -> petit Jack par exemple).

Prenez les enceintes de façade (pour le public) et celles pour le retour pour les DJs, avec les amplificateurs correspondants.

Suivant votre sono, vous devrez aussi utiliser un répartiteur (« splitter ») pour assurer le câblage, un equalizer (ou un processeur) pour gérer précisément les fréquences pour chaque enceinte, et un limiteur de crête pour éviter d'avoir des excès dans l'intensité du signal.

– La décoration : vous aurez besoin de lumières pour le dancefloor comme des spots de couleur, des stroboscopes ou encore des néons de lumière noire.

Vous pouvez attacher des toiles dessinées ou graffées, faire de la vidéo projection si vous avez le matériel nécessaire, et vous servir de structures métalliques pour soutenir tout ça.

> ALLEZ PLUS LOIN :

Organiser vos propres soirées peut vous permettre de complètement faire évoluer votre progression en mix, en jouant en public bien plus souvent et plus régulièrement...

Cette approche a bien fonctionné pour moi à une époque où je ne connaissais quasiment personne dans le milieu...

Je vous en dis plus dans le Pack de Bienvenue que vous pouvez obtenir (gratuitement) dans 1 minute à cette adresse :

La-guerre-des-potards.com/Livre

Vous allez apprendre (entre autres) comment « switcher » deux ordinateurs utilisés pour mixer et qui partagent le même câble USB sans créer d'interruption sonore... ;-)

7- PRODUCTION MUSICALE & ALLER PLUS LOIN

Comment (et Pourquoi) Devenir un DJ Producteur dès Maintenant

Vous allez découvrir dans les lignes qui suivent les avantages à produire vos propres titres ou créations, en plus de développer vos compétences en DJing...

1/ Un DJ producteur, c'est quoi ?

Un DJ producteur est tout simplement une personne qui s'investit dans les 2 disciplines en parallèle : le DJing « classique » (sur platines vinyles, CD...) et la production musicale (création de titres, Musique Assistée par Ordinateur...).

Un DJ producteur peut donc créer ses propres morceaux sur ordinateur (ou avec des machines physiques éventuellement, mais c'est rare), des remixes ou des nouvelles versions de titres existants, ou encore il peut jouer des « Lives » .

2/ Pourquoi vous devriez devenir un DJ producteur ?

Dans une optique professionnelle, produire vos créations peut être d'une grande aide pour vous faire connaître, car cela permet de diffuser vos sons bien plus rapidement que lorsque vous jouez en public.

La diffusion de morceaux ou de remixes n'a pas de frontière ni de contrainte temporelle : des internautes du monde entier peuvent accéder et profiter de vos titres dès leur publication en ligne.

L'autre avantage c'est que plusieurs autres DJs vont pouvoir Mixer vos morceaux, et donc contribuer à développer votre notoriété, même « indirectement ».

Produire des titres en plus de pratiquer le Deejaying « classique » permet d'actionner un « effet de levier » pour votre carrière en vous aidant à vous faire repérer davantage par des promoteurs par exemple.

Vous serez « booké » plus facilement pour des événements ayant lieu dans votre pays, mais aussi à l'étranger.

L'autre avantage de produire vos propres titres est que vous allez clairement améliorer votre compréhension de la musique que vous Mixez.

Vous devrez rentrer dans les détails de la construction de morceaux en ce qui concerne les aspects de rythmiques, de théorie musicale ou encore des structures.

Enfin, créer vos propres morceaux est aussi un moyen de vous exprimer différemment qu'en Mixant les titres des autres.

3/ Comment devenir un DJ producteur :

Le plus simple pour commencer en production musicale est sans doute de créer des morceaux en utilisant un (ou plusieurs) logiciel spécifique, idéalement un studio complet comme Fruity Loops que je vous recommande (je l'utilise depuis des années pour toutes mes créations).

L'interface inclue un « sequencer » qui permet de jouer les notes de chaque instrument en suivant des boucles de 16 temps, ainsi que différents plugins (qu'on appelle « VST ») pour générer des sons de batterie (boîte à rythmes), des synthétiseurs ou encore pour ajouter des effets ou des traitements sonores (compression, filtres...).

Je survole ici la production car c'est une discipline à part entière, mais sachez qu'avant d'obtenir un titre « potable » ou présentable à un public il vous faudra y passer du temps...

Beaucoup de temps, comptez plusieurs années de composition pour y parvenir (sans vouloir vous démotiver, ceci dit cela reste passionnant, surtout quand vous commencez à Mixer vos créations qui peuvent être pressées sur vinyles, un pur bonheur !!).

Ces dernières années, la production s'est mélangée de plus en plus au DJing grâce à des outils « hybrides » : des platines CD ou des logiciels comme Traktor ou Virtual DJ permettent de créer des remixes en live, en temps réel.

Vous pouvez vous y essayer en déstructurant et en reconstruisant des titres à votre guise en utilisant judicieusement les boucles (« loops ») à la volée, en ajoutant des effets (reverb, roll, gate, echo...) en temps réel, ou encore en ajoutant des samples (des sons pré-enregistrés) lancés quand bon vous semble.

Les possibilités sont énormes.

Pour aller plus loin dans l'aspect production, vous pouvez utiliser des logiciels de « Live » (des sequencers comme Ableton Live ou des studios complets comme Fruity Loops) soit de façon autonome, soit en complément d'une configuration platines CD / vinyles ou autre.

Ces logiciels, couplés à un contrôleur USB / MIDI, vous offrent un éventail de possibilités bien plus grandes, mais dans ce cas de figure on sort du Deejaying classique, qui consiste à choisir des titres déjà existants, de caler leur tempo et de réagir sur le moment en fonction du public...

C'est une autre approche bien différente en somme.

A vous de trouver votre idéal qui peut être l'un, l'autre, ou un compromis entre les 2 ;-)

Les 6 Erreurs TYPIQUES des DJs Producteurs Débutants (et Quoi Faire pour s'en Sortir IMMÉDIATEMENT)

Comme dans n'importe quelle discipline, la production musicale comporte des particularités et des contraintes auxquelles tout DJ producteur doit faire face tôt ou tard.

Dans les lignes qui suivent, vous allez découvrir des mauvaises habitudes prises par les débutants, et comment les corriger tout de suite :

1/ Envoyer tous les instruments vers une piste « Master » commune :

Par défaut dans votre logiciel de création musicale (comme Fruity Loops par exemple), dès que vous ajoutez un instrument il sera envoyé (« routé ») vers la piste Master.

Le problème c'est que plus vous avez d'instruments, et plus ça devient le bordel à gérer, surtout si vous voulez faire les choses proprement...

=> Ce que vous pouvez faire :

Envoyez chacun de vos instruments (synthé, piano, grosse caisse, basse...) vers une piste dédiée dans le Mixer.

De cette manière, vous pourrez contrôler précisément le volume, le panoramique et tout un tas d'autres paramètres indépendamment pour chaque piste, avec un Master complètement séparé de tout le reste !

2/ Croire qu'il faut absolument du matériel haut de gamme pour débuter :

Le but en tant que DJ producteur c'est de vous faire plaisir en créant du son !

Bien sûr si vous pouvez vous offrir du matériel correct (un logiciel de studio numérique avec la licence et des VST, un clavier maître, un contrôleur MIDI...) c'est mieux, mais l'idée c'est déjà de prendre votre pied rien qu'en étant dans la démarche de création musicale, même si votre équipement est très basique...

=> Ce que vous pouvez faire :

Si possible, placez vos enceintes à hauteur d'oreille et à égale distance sur votre droite et sur votre gauche, par exemple à 50 cm de chaque côté, et évitez de les coller à un mur (pour atténuer l'effet de réverbération).

Si vos voisins vous cassent les c***lles car vous faîtes trop de bruit, vous pouvez travailler uniquement au casque s'il est de qualité un minimum correcte.

Ce n'est pas le top, mais c'est ce que je fais depuis des années pour pouvoir avancer sur mes compos à n'importe quelle heure du jour ou de la nuit (par contre j'ai un casque « ouvert » de très bonne qualité : le Sennheiser HD 595, je vous le recommande vivement, c'est une tuerie rapport qualité / prix !).

3/ Abuser des effets pour tenter d'embellir la musique :

Souvent quand on commence la M.A.O., on est tenté de faire un peu tout et n'importe quoi avec les différents traitements du son possibles, car ils sont très nombreux, et souvent difficiles à comprendre à et maîtriser.

On a tendance à vouloir en mettre beaucoup en se disant que ça va améliorer la sonorité de tel instrument, ou que ça va donner du corps à telle ligne de basse...

C'est souvent faux : dans la plupart des cas il vaut mieux en mettre moins mais savoir quel type d'effet mettre sur quel type d'instrument, pourquoi, et surtout comment bien le régler...

La gestion des effets en production musicale est assez différente par rapport à l'utilisation qu'on en a en DJing.

Une reverb peut donner du corps à une mélodie (un piano, un synthé... par exemples), mais contrairement à l'effet de reverb appliquée par un DJ, il se peut qu'on ne la perçoive même pas en tant qu'auditeur « moyen » dans une compo.

Les effets en production musicale sont souvent plus fins, plus subtils et précis que ceux lancés « à la volée » en DJing, avec un logiciel de Mix comme Traktor ou Virtual DJ, un multi-effets intégré à la console de Mix, ou encore avec un boitier d'effets externe.

En M.A.O., les paramètres des effets sont bien plus nombreux et complexes que ceux utilisés par les DJs, et c'est justement à vous d'en faire bon usage sans abuser de leur « puissance », ni de leur impact sur le son d'origine.

Vous pouvez par exemple modifier l'enveloppe ADSR qui joue sur la dynamique d'un son.

=> Ce que vous pouvez faire :

Évitez de filtrer (« EQ ») vos instruments de façon trop sévère ou trop franche.

Vous pouvez utiliser des presets souvent disponibles dans les logiciels et plugins (« VST »).

Mais surtout, faites attention aux fréquences basses qui sont souvent les plus chiantes à gérer (comme en DJing) : dans le doute, atténuez-les !

Évitez aussi de trop compresser vos pistes, allez-y avec parcimonie et utilisez de préférence un compresseur multi-bandes pour rendre vos réglages plus précis.

4/ Travailler en se cassant les oreilles :

Que ce soit en DJing ou en produisant des morceaux, les débutants ont facilement tendance à bosser avec un volume trop fort...

=> Ce que vous pouvez faire :

Non seulement vous ne créerez pas de meilleurs morceaux si vous travaillez avec un fort volume, mais surtout vous allez perdre peu à peu (mais sûrement) de votre capacité auditive (vous pouvez même avoir des acouphènes de cette façon !).

Gardez un volume suffisant pour entendre ce que vous faites (!), mais sans que ça ne fatigue votre oreille.

Essayez de réduire le bruit de fond environnant plutôt que de le camoufler en augmentant le volume.

5/ Ne pas structurer le morceau :

Sans une structure précise et « réfléchie », il devient difficile (voire impossible) de Mixer un titre.

Quand vous Mixez, vous alignez vos morceaux sur leurs boucles de 16 temps musicaux qui agissent comme des repères, et cela a été prévu par le compositeur à la base.

=> Ce que vous pouvez faire :

Respectez les règles de base de la théorie musicale quand vous composez : les mesures en 4/4, des boucles de 16 temps...

6/ Dépasser le seuil de 0 dB sur une ou des pistes :

Vous le savez sans doute (j'insiste beaucoup sur ce point dans mes Cours de Mix) : quand vous Mixez vos morceaux, évitez de dépasser le niveau de 0 dB sur le VU-mètre (corrigez vos gains et la sortie Master de votre table de Mix en conséquence).

C'est important pour garder un signal de qualité optimale, et aussi pour protéger les amplificateurs qui alimentent les enceintes !

On retrouve ce souci chez les DJs producteurs débutants quand ils créent leurs morceaux.

=> Ce que vous pouvez faire :

En production musicale, vous devez être encore plus strict et soucieux : le niveau de votre piste Master ne doit jamais atteindre le 0 dB.

Je vous conseille même de faire en sorte que les pics ne dépassent pas le seuil de -3 dB maximum.

Dans le cas contraire, vous perdez rapidement en qualité sonore...

Vous pouvez utiliser un limiteur ou un compresseur (attention à leur réglage !) pour réduire les risques d'abus ;-)

Devenez un DJ Hors Normes en Créant VOS Propres Morceaux !

Le rôle classique d'un DJ est de jouer des morceaux produits par d'autres artistes, des compositeurs bien plus orientés sur la création musicale.

Ces derniers peuvent travailler avec des logiciels sur ordinateur (Musique Assistée par Ordinateur ou « MAO »), ou avec des « vraies » machines physiques : synthétiseurs numériques ou analogiques, des equalizers, des compresseurs...

Leur matériel sonore, leur approche de la musique et leur intention sont donc clairement différents de ceux d'un DJ, malgré la complémentarité de ces 2 disciplines.

Certains DJs décident de relever le défi de composer eux-même leur propres titres, et voici pourquoi :

1/ Pourquoi créer vos morceaux de musique ?

Voici 3 bonnes raisons pour lesquelles vous pouvez vous intéresser à la MAO :

– Vous développez des nouvelles connaissances et compétences musicales, ce qui vous permet de mieux connaître certains fonctionnements techniques ou liés à la théorie musicale, et d'avoir des nouvelles idées pour vos sets DJing.

– Vous créez votre propre « matière » à mixer à laquelle les autres DJs n'ont pas accès.

Cela vous permet de jouer des morceaux inédits, de créer des sets originaux avec VOTRE empreinte artistique.

Bref, ça peut être une manière d'affirmer votre personnalité ou votre identité musicale.

– Vous pouvez vous servir de vos œuvres pour vous faire connaître en tant que DJ et compositeur : vous élargissez votre public potentiel.

Des labels peuvent aussi être intéressés par ce que vous faîtes, ce qui peut vous ouvrir des portes pour votre carrière de DJ…

2/ A qui s'adresse la production musicale ?

La création de morceaux est devenue particulièrement abordable ces dernières années, avec l'arrivée des Home Studios et des logiciels performants.

Quelque soit votre niveau de connaissances, vous pouvez vous y mettre facilement en utilisant dès le départ un studio virtuel complet, c'est-à-dire un logiciel qui vous permette de composer un morceau de A à Z.

L'intérêt c'est que vous n'aurez pas à rechercher, à télécharger et à installer un nouvel outil dès que vous avez un besoin particulier : composer, séquencer, filtrer, compresser…

Pour ma part, j'utilise Fruity Loops depuis environ 11 ans, et j'en suis toujours très satisfait, je vous recommande de l'essayer si vous ne le connaissez pas !

Donc ne vous bloquez pas si vous débutez dans la musique et que vous souhaitez vous mettre à la MAO.

Choisissez un logiciel et regardez des vidéos d'explication pour débutants sur Youtube (cliquez ici pour voir des tutos sur Fruity Loops), ou allez faire un tour sur des forums spécialisés (www.fruityclub.net pour Fruity Loops par exemple).

Côté matériel, vous pouvez commencer la MAO avec un casque et une paire d'enceinte hi-fi corrects.

Dans un second temps, vous pourrez investir dans un contrôleur MIDI et des enceintes de Monitoring lorsque votre niveau sera plus avancé.

3/ Comment bien débuter en MAO ?

Depuis plusieurs années, je créé mes morceaux de Hardtek et de Tribecore que je fais ensuite graver sur des disques vinyles produits à l'unité (mon prestataire est Vinylogue, je suis satisfait de son boulot).

Je peux donc mixer mes créations tout en gardant le plaisir du vinyle (quel bonheur ^^) !

Si vous voulez voir ce que ça donne, vous pouvez jeter un œil à la rubirque « Albums et Vinyles » sur mon site yannoo-dj.com :-)

Produire sa Musique : Comment (et Pourquoi) Créer une Version Orchestrale d'un Titre (+ Exemple) :

Beaucoup de DJs plus ou moins confirmés se mettent à produire leurs musiques, ce qui leur ouvre tout un tas de nouvelles possibilités.

Vous allez découvrir l'intérêt de vous mettre à composer (si vous ne le faites pas déjà), ainsi qu'une démarche originale permettant d'allier la production musicale au DJing...

1/ Les avantages de pouvoir produire sa musique quand on est DJ :

Produire sa musique permet de s'exprimer différemment qu'en Mixant de manière classique, de se faire connaître davantage en diffusant ses propres morceaux via internet par exemple, ou encore de pouvoir construire des Sets originaux et personnalisés.

Vous pouvez alors vous démarquer plus facilement des autres DJs de votre style musical, tout en améliorant votre compréhension de la musique, notamment en ce qui concerne sa structure rythmique, sa façon d'évoluer (quand un break doit-il arriver ? Combien de temps faire durer une intro ? Comment annoncer l'arrivée d'un nouvel instrument ? ...), ou encore la gestion de la présence de chaque instrument (volume, compression, spatialisation...).

La production musicale peut consister à créer un morceau à partir de rien (en utilisant la synthèse sonore grâce à des VST par exemple), à partir de samples tout prêts (c'est-à-dire des échantillons sonores extraits d'autres titres ou de boucles par exemples), ou encore à partir de pistes audio séparées appartenant à un titre déjà existant.

Dans ce cas, il s'agit de composer un « remix », ce qui vous permet de profiter de la notoriété d'un titre pour accentuer et mettre en avant votre travail (et votre créativité) en tant que DJ producteur.

Enfin, en créant vos propres morceaux vous pouvez choisir le tempo et la tonalité que vous souhaitez.

Cela présente l'avantage de pouvoir vous aider pour la construction de sets harmoniques sur-mesure, que ce soit pour démarrer sur une intro originale, ou pour un morceau à jouer à n'importe quel moment ;-)

2/ Une version orchestrale, c'est quoi ?

Une version « orchestrale » d'un morceau consiste à créer un nouveau titre à partir des instruments mélodiques (violons, synthés, pianos...) d'un titre déjà existant, et pouvant appartenir à un style musical complètement différent.

La majorité des éléments rythmiques (kick, snares, hit-hat...) sont retirés, ou largement allégés et réajustés de manière clairement différente.

D'autres éléments (nappes, synthés, basses continues...) peuvent être ajoutés, tant que cela reste pertinent.

J'ai voulu faire un essai en me basant sur un morceau de Hardtek nommé « Amissa Memoria« , que j'ai composé avec mon ami Kalbo.

Cette track à 195 BPM a été pressée sur vinyles à plusieurs centaines d'exemplaires par un label (le disque se nomme « Gaijin 01 »).

L'idée en créant la version orchestrale de ce titre était de pouvoir Mixer les deux versions facilement, sachant que les tempos, les tonalités et les mélodies sont exactement les mêmes (oui, la version orchestrale est aussi à 195 BPM, cela peut paraître très rapide mais la construction et la structure du morceau font que « ça passe » :-)).

Voici ce que j'ai fait sur la version orchestrale dans un premier temps, et que j'ai finalement abandonné : intégrer un « galop » (c'est-à-dire un long passage avec un kick / basse et une rythmique typique de la Hardtek) à la fin du passage mélodique, vers 5 minutes 30, afin de pouvoir Mixer facilement la track orchestrale avec un titre Hardtek du même tempo.

J'ai laissé tomber l'idée pour ne garder que la version 100% orchestrale (sans aucun kick / basse donc), qui reste Mixable et facilement calable au tempo grâce à plusieurs repères en début de boucles de 16 temps (notamment des cymbales crash placées sur les premiers temps de certaines boucles « clé »).

Avec les deux versions de Amissa Memoria, il est maintenant possible de :

– Créer une intro sur-mesure d'un set, ce qui peut permettre de « capter l'attention du public ».

– Rallonger / compléter / triturer le titre Hardtek d'origine pendant qu'il est joué.

– Créer une longue outro d'un set pour finir « en douceur ».

– Tenter de se démarquer des autres DJs avec cette astuce.

A long terme et quand j'aurai plusieurs titres en versions orchestrales, je pourrai tenter un « set orchestral harmonique »...

Mais d'ici là, il y a du boulot ! :-)

3/ Écoutez la version orchestrale de « Amissa Memoria »

Vous pouvez écouter et télécharger les différentes versions orchestrales de Amissa Memoria en vous rendant sur cette page :

yannoo-dj.com/amissa-memoria-orchestral

Et ici pour la version Hardtek d'origine :

yannoo-dj.com/amissa-memoria-yannoo-vs-kalbo

La version originale est à 195 BPM (comme pour le morceau Hardtek), les autres tempos sont des déclinaisons qui permettent de s'adapter à différents sets, mais la tonalité reste inchangée (seul le tempo change).

Chaque version inclue le fichier Master (Wave sans compression) et le fichier MP3 (320 Kbits/s), ils sont mixés et masterisés (avec les moyens du bord :-)), donc prêts à l'emploi.

Ces titres « orchestral » sont libres de droit : vous pouvez les jouer en public, les sampler, les reprendre à votre guise pour en faire ce que vous voulez ;-)

Presser ses propres disques vinyles

Les disques vinyles dans le commerce sont pressés en séries, au moins en 200 exemplaires.

Mais il est possible de faire presser des propres disques à l'unité avec la même qualité que les versions « industrielles ».

Plusieurs services existent, par exemple Vinylogue, par qui je suis passé pour faire presser plusieurs de mes compos.

Ce que j'ai apprécié chez eux c'est de pouvoir tout gérer en ligne : commande et paiement sur le site, envoi du fichier master sur un FTP, et hop le colis est livré assez rapidement !

L'intérêt de faire presser ses propres vinyles à l'unité pour le DJ qui produit ses tracks est de pouvoir les mixer rapidement sans passer par le processus long et fastidieux du pressage industriel.

Ca permet de tester ses compos sur son public pour savoir si ça plaît ou pas, avec quels morceaux on peut les mixer, si le pré-mastering et le mastering sont bien...

Faire presser ses compos sur vinyles évite d'avoir à utiliser une solution numérique comme Serato ou Mix Vibes, qui nécessite d'avoir un PC portable qui tourne impeccablement.

On peut aussi faire quelques exemplaires et les faire tourner à d'autres DJs pour qu'ils les testent et donnent leur avis.

Ca peut être utile avant de se lancer dans du pressage à grande échelle !

Les scratcheurs vont apprécier ce service soit pour utiliser leurs instrus, soit pour se créer un disque dédié aux scratches uniquement avec des voix ou des sons particuliers.

Le prix pour un disque peut légèrement varier d'un service à l'autre, il dépend en partie du temps total à graver.

Pour vous donner une idée, un disque 12′ en 45 rpm avec 2 tracks de 6min me revient à 35€ environ avec les frais de port et pour un seul exemplaire.

Afin d'obtenir la meilleure qualité possible, certains aspects techniques doivent être pris en compte sur le fichier master comme sur le choix du support.

Plus d'informations sur le site de Vinylogue pour le mastering d'un disque vinyl.

Pour ma part, j'ai pu me constituer un petit set Hardtek uniquement avec mes tracks.

J'ai volontairement gardé le même tempo, la même gamme et la même structure musicale pour chaque morceau, ce qui permet de les mixer harmoniquement et facilement ^^ !

Pressage Vinyles : Auto-Production 06 (ZAT)

Ces dernières années, le pressage de disques vinyles à l'unité est devenu accessible au grand public.

Des prestataires peuvent vous fournir ce service pour quelques dizaines d'euros par exemplaire.

1/ L'intérêt du pressage de vinyles à l'unité :

Si vous mixez sur vinyles et que vous composez des morceaux, vous pouvez faire presser des disques à l'unité afin de jouer VOS PROPRES CRÉATIONS.

Si vous êtes un amateur de scratches, vous pouvez vous confectionner un disque sur-mesure avec des samples de voix ou des intrus en boucles.

Vous avez carte blanche sur les sons que vous voulez presser, donc vous pouvez libérer votre créativité et vous démarquer des autres DJs... ;-)

2/ Comment faire presser des disques vinyles à l'unité :

Prenez soin de peaufiner au mieux votre compo, mais surtout votre mixage (au sens M.A.O. du terme).

C'est-à-dire l'ensemble des réglages sonores qui permettent de clarifier votre titre, et de bien faire ressortir chaque instrument en utilisant les filtres, compresseurs, reverbs...

Votre prestataire ne va quasiment pas retoucher votre travail : il va simplement appliquer des réglages et des corrections au niveau du « mastering ».

C'est-à-dire qu'il s'occupera d'adapter votre fichier Master au support final (disque vinyle dans notre cas, sinon pour la radio, la TV, un CD...) en suivant certaines contraintes techniques.

Son rôle n'est donc PAS d'améliorer la qualité de votre son, juste de le « transférer » sur vinyle.

Pour votre disque, vous aurez besoin de créer le graphisme du macaron, c'est-à-dire l'étiquette ronde centrale collée sur le disque et qui regroupe toutes ses informations.

Pensez à fournir des fichiers images (PSD, JPG, PNG...) de bonne qualité (300 dpi, CMJN).

Faîtes un dossier « package » de vos documents (macaron, fichiers audio Masters...) et envoyez-le à votre prestataire pour passer commande.

Pour tous mes disques je suis passé par Vinylogue, et je reste satisfait de leur service : bonne qualité du disque (c'est du « vrai vinyle » comme les disques professionnels) et du pressage (macaron inclue et en couleurs, pochette doublée...).

Vous devrez aussi préciser différentes informations comme le nom des morceaux et leur place sur le disque (A1, A2, B1 ou B2), le format du disque (par exemple 12″, 30cm, 33t), son épaisseur (2 mm) et sa couleur (noir, transparent...).

Toute la procédure de commande peut se faire à distance ce qui est très pratique : paiement sur internet, transmission des fichiers Masters via upload sur un serveur, commande via un formulaire en ligne...

3/ Exemple de pressage de vinyle fait maison :

Voici un exemple de disque pressé à l'unité avec 4 titres de mon ami KalbO (ZAT / Mobil'Dick) : le « ZAT AP06".

Morceau A1 : Cry

Morceau A2 : Swan-Lake

Morceau B1 : Black-Dreams

Morceau B2 : La-Lettre

Vous pouvez découvrir plus d'infos dans la rubrique « Albums et Vinyles » de mon site d'artiste : yannoo-dj.com ;-)

Créez FACILEMENT vos Macarons de Disques Vinyles en 5 Étapes !

Le pressage de disques vinyles à l'unité vous permet de Mixer vos propres compos (ou celles de vos potes) tout en profitant des avantages du support vinyle.

Si vous voulez vous lancer dans l'aventure, vous devez aussi créer le macaron (l'étiquette ronde collée au centre des vinyles) pour passer votre commande de disques à l'unité...

Voici les 5 étapes à suivre pour créer votre macaron de vinyles rapidement :

1/ Trouvez des idées de visuels en rapport avec le vinyle :

Pour vous inspirer en partant de rien (ou même si vous avez déjà quelques idées), allez faire un tour sur des sites comme Google images, Fotolia ou encore Flickr.

Entrez dans le moteur de recherche les idées qui vous viennent à l'esprit quand vous pensez à votre futur disque.

Vous pouvez, par exemple, rechercher des visuels qui vous rappellent le nom d'un des titres du disque.

Ou une photo qui colle parfaitement avec l'ambiance des styles musicaux concernés.

Vous pouvez aussi essayer des visages de personnalités spécifiques, ou encore reprendre des objets en rapport avec les morceaux du vinyle…

Bref, c'est sans limites !

L'idée c'est que vous ne vous serviez que d'un seul visuel « tout prêt » pour le thème de votre design.

Faites SIMPLE : ne développez qu'une seule idée par maquette graphique, évitez les montages photo à faire vous-même (sauf si vous maîtrisez Photoshop et que ça en vaut la peine ^^), privilégiez des visuels pour lesquels vous n'aurez pas ou peu de traitement à effectuer derrière ;-)

2/ Créez des esquisses de macarons :

> Logiciel conseillé pour la retouche d'images : Adobe Photoshop ou n'importe quelle alternative comme GimpShop (gratuit).

> Site pour faire de la création graphique en ligne et gratuitement : pixlr.com

Créez un document optimisé pour l'impression sur support papier, et calibrez-le :

– Mode de couleurs : CMJN

– Résolution : 300 dpi

– Diamètre du macaron en taille réelle : 10 cm

A partir de ce fichier, créez plusieurs « premiers jets » de visuels (face A uniquement), c'est-à-dire plusieurs pistes graphiques qui développent des idées bien différentes les unes des autres.

Ne vous focalisez que sur un seul concept par esquisse, restez simple, ne surchargez pas de détails secondaires.

Vous pouvez créer un macaron sympa simplement en affichant une image ou une photo cohérente avec les titres du disques.

Vous n'avez pas besoin d'être doué en graphisme pour avoir de bonnes idées, trouvez le BON visuel et mettez-le en valeur ;-)

Vous pouvez inscrire le nom du disque sur la face A si vous le souhaitez (il sera de toute façon affiché sur la face B).

Quand vos fichiers d'esquisses sont prêts, nommez-les explicitement, par exemple : « Macaron-Version-1", « Macaron-Version-2", « Macaron-Version-3"...

Faites-les ensuite tourner sur Facebook ou autres pour avoir plusieurs avis, notamment celui des personnes concernées par le futur disque !

3/ Déclinez l'esquisse retenue :

Lorsque le choix de l'esquisse est validé, vous pouvez la développer en détails en essayant plusieurs déclinaisons (police, taille et couleur des caractères différentes, des effets d'ombrage sur des objets, améliorer l'arrière-plan...).

Reprenez la face A de votre esquisse pour créer la face B, et ajoutez ces éléments :

– Toutes les informations relatives au disque et aux contributeurs : nom du disque, des artistes et des titres, le tempo et la tonalité de chaque morceau si possible, le nom du graphiste du macaron, les informations de contact pour les bookings, la personne qui a masterisé les titres...

Pensez aussi à intégrer le logo du crew, du label, des groupes de musique ou des sound systems concernés ;-)

– Laissez une marge autours du bord du design du macaron : de cette manière, vous vous assurez que la découpe du papier du macaron ne viendra pas empiéter sur votre design (je laisse environ 1 cm par « sécurité »).

– Anticipez le trou central du disque au milieu de votre macaron : il ne devra pas gêner le graphisme.

Appliquez les corrections graphiques éventuellement nécessaires pour que le résultat soit correct une fois le macaron posé sur la platine vinyle.

– Marquez explicitement « Face B » sur la face B : de façon bien lisible, isolée et rapidement repérable pour le DJ qui Mixe dans l'obscurité !

– En général, écrivez suffisamment gros sur le macaron : de manière à ce que tout soit lisible facilement une fois le design imprimé sur papier en « taille réelle ».

Pensez au DJ pressé et stressé qui va rechercher un titre précis parmi des dizaines de disques dans son bac : facilitez-lui le travail ;-)

4/ Terminez l'ensemble du design du macaron (faces A et B) :

Peaufinez la finition graphique jusqu'à ce que vous soyez satisfait, ainsi que les artistes qui posent leur morceaux sur le disque.

Exportez vos 2 fichiers image (celui de la face A et celui de la face B) au format PNG transparent, de manière à avoir du « vide » autour du cercle délimitant le macaron.

Sinon, vous pouvez aussi exporter en JPEG sur fond blanc si cela convient à votre prestataire de pressage vinyles.

Dans tous les cas, exportez en qualité maximale !

Faites une vérification complète de votre macaron avant de l'envoyer en commande sur les fichiers image exportés : nom des morceaux, leur ordre sur le disque, les infos de contact, pas de fautes d'orthographe...

5/ Sauvegardez les fichiers de votre macaron

Votre macaron est terminé, et prêt à être envoyé au pressage :-) !

Sauvegardez et archivez votre fichier source de macarons (PSD, AI...).

Vous vous en servirez comme modèle, ou comme base pour vos prochains projets pour gagner du temps ;-)

Comment BIEN Comprendre l'Enveloppe ADSR peut Vous Aider en Production Musicale

Vous allez découvrir comment est créé n'importe quel type de son, notamment grâce à son enveloppe ADSR…

1/ L'enveloppe ADSR, c'est quoi ?

Le terme « ADSR » est l'acronyme pour Attack / Decay / Sustain / Release, à traduire par Attaque, Déclin, Maintien, Relâchement.

Ces 4 termes désignent chacun un critère spécifique pour un son donné, quel qu'il soit : une note de piano, le bruit d'une sirène d'alarme, le hurlement d'un homme, le bruit d'un coup de fusil…

Ils définissent comment un son est construit, qu'il s'agisse d'un signal généré artificiellement par un synthétiseur comme d'un bruit de la nature, et qu'il soit percussif (une rythmique comme une caisse claire par exemple) ou persistant (comme le son d'un violon).

L'enveloppe ADSR (aussi appelée enveloppe ACEE pour Attaque, Chute, Entretien et Extinction) représente le niveau d'amplitude (et son évolution dans le temps) d'un son pour chacun de ces 4 paramètres.

L'attack est le temps que met le son pour obtenir son amplitude maximale (puissance de crête) au moment de l'enfoncement de la touche du synthétiseur (ou de n'importe quel instrument).

Le decay correspond au temps de la chute du volume sonore entre le niveau de crête (l'attack) et le maintien (sustain).

Le sustain est le niveau sonore conservé tant que la touche de l'instrument est enfoncée (il ne s'agit pas d'une durée dans le temps).

Le release est le temps de résonance sonore après le relâchement de la touche, jusqu'à ce que le son soit complètement éteint.

Certains instruments de musique permettent de modifier en temps réel certains de ces paramètres.

Par exemple, la vitesse et la force de frappe sur la touche d'un piano va influencer l'attack du son généré, alors que l'activation des pédales va jouer sur le sustain.

2/ Comment comprendre l'enveloppe ADSR peut vous aider à améliorer vos sons en MAO :

Vous pouvez modifier l'enveloppe ADSR sur la plupart des synthétiseurs du marché grâce à des potards rotatifs.

Sur certains modèles de VST (les instruments virtuels sous forme de plugins que vous pouvez utiliser dans un studio comme Fruity Loops), l'enveloppe ADSR est représentée sous forme de schéma, bien pratique pour visualiser les différentes valeurs.

Vous pouvez augmenter le temps de l'attack (c'est-à-dire retarder légèrement la crête du son) de certains instruments pour clarifier le Mixage d'une production, par exemple pour éviter qu'un piano ne frappe exactement au même moment qu'une caisse claire ou qu'un kick.

C'est subtil (il ne s'agit pas de retarder l'attack d'un temps musical par exemple !), mais ce « micro décalage » peut vous aider à harmoniser l'ensemble des instruments joués.

Même chose pour une note de basse jouée juste après le kick : le réglage de son temps d'attack va être très important, et va clairement jouer sur l'énergie générée entre les deux instruments.

Si la durée de l'attack est grande, la basse va mettre du temps à s'exprimer, alors que si cette durée est courte, la basse sera jouée de façon plus « sèche ».

Pour les instruments particulièrement mélodiques (violons, pianos, flûtes...), vous pouvez jouer sur la durée du sustain pour atténuer ou accentuer le rendu de la note.

Au contraire, les instruments percussifs (hit-hat, caisse claire, pied...) ont généralement un sustain court, leur sonorité est ainsi plus neutre (ou « moins mélodique » si vous préférez).

Pour obtenir des rythmiques plus vives, vous pouvez réduire le temps de l'attack de l'instrument, et augmenter son volume pendant cette phase (ou alors compresser le son pendant l'attack).

Bien régler l'enveloppe ADSR de chacun de vos instruments permet donc de maîtriser la dynamique de tout votre titre.

3/ La compréhension de l'enveloppe ADSR et le DJing

Bien comprendre le fonctionnement de l'enveloppe ADSR permet de mieux aborder le calage tempo.

Pour plusieurs styles de musique comme la Trance ou le Tribecore, chaque temps musical est marqué par une note de kick.

Et pour être plus précis, le temps musical correspond au moment exact où l'impulsion qui génère le son de kick démarre, c'est-à-dire le tout début de son attack.

Autrement dit, quand vous calez le tempo, vous devez en fait vous focaliser sur l'attack du kick, et surtout pas sur le reste de son enveloppe (decay ou sustain par exemples).

Comment Diffuser et Vendre vos Morceaux MASSIVEMENT avec Zimbalam !

Si vous composez des morceaux de Techno, de Dubstep ou autre, vous avez peut-être envie de les vendre sur Internet.

Je vais vous montrer une technique qui va vous permettre de diffuser vos tracks sur plusieurs plateformes de vente (Deezer, Virgin, Fnac.com...) rapidement et sans effort.

1/ Préparez vos fichiers

Créez-vous un dossier sur votre ordinateur dans lequel vous copierez vos fichiers (MP3, WMA, WAVE...) à vendre.

Prenez soin de reprendre pour chaque morceau votre fichier source « Master » (celui que vous avez exporté SANS compression à partir de votre compo, au format WAVE par exemple) pour l'exporter dans l'un des formats suivants :

– WAVE, au format 16 bits, 44100Hz et Stereo seulement,

– WINDOWS MEDIA, au format « Sans Perte » seulement,

– MP3, débit à 320 kbps et format CBR seulement.

Que vous vouliez vendre uniquement 1 titre ou plusieurs réunis en un album, vous devrez fournir un visuel pour la « jaquette ».

Pour votre fichier, utilisez ce format :

– JPEG

– Taille : minimum 1440 x 1440 pixels.

2/ Créez votre compte sur Zimbalam

Zimbalam est un service bien pratique car il va vous permettre d'envoyer automatiquement vos morceaux chez les différents distributeurs en ligne : Fnac.com, Deezer, AmazonMP3...

Vous n'aurez donc PAS à uploader tous vous fichiers pour chaque vendeur séparément : vous le faîtes UNE fois sur Zimbalam et c'est terminé !

Vous gagnez un temps monstrueux !

Ce qui est surtout appréciable c'est qu' il n'y a aucune sélection, tout artiste peut distribuer sa musique via Zimbalam.

Je compose du Tribecore, un style proche de la Hardtek et du Hardcore qu'on peut entendre en free-parties, et surtout pas forcément au goût de tout le monde...

J'ai pu faire connaître mes tracks au « grand public » en les rendant accessibles sur des gros sites de téléchargement comme Deezer, AmazonMP3, Virginmega :-)

Le service est payant : au moment où j'écris cet article, leurs tarifs sont (je cite) :

Un prix unique pour chaque sortie:

– 24,99 euros pour un single (1 ou 2 titres)

– 34,99 euros pour un album (+ de 2 titres)

payable avec Paypal ou par carte bleue.

Vous percevez 90% des revenus générés par vos œuvres, et

contrairement aux services vous reversant 100% de vos royautés, vous n'avez aucun frais annuels ni abonnements à payer.

Téléchargez vos fichiers sur Zimbalam, rentrez minutieusement les informations à fournir et hop c'est parti !

3/ Recevez vos gains

Lorsque votre single ou votre album sera enregistré chez Zimbalam, il va se « propager » sur la Toile en quelques semaines.

Le service va envoyer vos fichiers audio, votre visuel de jaquette, le titre, la description... aux sites de téléchargement, qui vont ainsi pouvoir l'exposer – et le vendre – au grand public.

Pour mon premier test sur Zimbalam, j'ai créé l'album « Tribecore Addict » avec 9 morceaux, en me disant que c'est plus « rentable » que de partir sur un single (limité à 2 tracks maximum).

J'ai donc « investi » 34,99€ et je me suis remboursé en 6 mois environ.

Et depuis, les « royalties » qui tombent sur mon compte Zimbalam ne sont que des « gains supplémentaires » ^^.

Lorsque vous rentrez dans le jeu de gagner des « revenus passifs« , c'est-à-dire de recevoir des sous en « travaillant » une fois pour toutes comme c'est le cas avec Zimbalam, vous pouvez être pris d'une envie folle de checker votre compte très (trop) régulièrement pour voir si vous avez gagné des royalties.

C'est normal de vouloir savoir si les titres que vous avez passé de longues heures à composer vont bien se vendre ou pas.

Mais c'est quand même inutile et décourageant d'aller vérifier votre compte Zimbalam tous les 3 jours « au cas où » vous auriez fais une vente !

Mon conseil : déposez vos fichiers sur Zimbalam, et ensuite oubliez-le !

Quand vous y repenserez dans quelques mois, alors peut-être que vous aurez une bonne surprise... ;-)

Le Live et le Mix sur Platines : TOUT ce que Vous DEVEZ Savoir !

Si vous débutez dans le DJing, que vous comptez vous y mettre, ou que vous souhaitez faire évoluer votre configuration, vous vous posez sans doute des questions du genre :

– Quel matériel utiliser pour quel style musical et pour quel rendu ?

– Quels sont les différents moyens de jouer de la musique électronique, et que peut-on en attendre ?

– Ou encore : est-ce mieux de faire du « Live », du Mix numérique avec un logiciel, ou d'utiliser des bonnes vieilles Technics mk2 ?

Voici les principales caractéristiques des deux approches bien différentes du DJing que sont le « Live » (sur logiciel ou sur machines physiques) et le Mix sur platines (vinyles, CD ou contrôleur MP3).

1/ Le Mix sur platines :

> Vous devez caler le tempo de vos morceaux à chaque fois, sinon il est (presque) impossible de les enchaîner correctement.

> Vous jouez des morceaux complets (incluant tous les instruments nécessaires) composés par d'autres artistes.

> Vous pouvez Mixer avec des platines vinyles / CD / MP3 et vous avez besoin d'utiliser une table de Mixage.

> Vous pouvez appliquer certaines techniques particulières comme du scratch ou des « wool-up » que vous ne pouvez pas faire (ou difficilement) en Live.

> Mixer sur platines va vous demander de rechercher des titres à jouer qui correspondent à vos goûts, à votre style.

> En Mix, vous gérez surtout des volumes (avec les potards de basses / médiums / aigus de la table de Mixage, les faders...) et les temps musicaux (calage tempo).

> Vous avez absolument besoin d'un casque pour caler le tempo.

> Vous subissez l'acoustique (notamment les contraintes de réverbération du son) ce qui peut être très gênant pour caler le tempo

> Vous pouvez Mixer sur platines CD (simples ou en double lecteur CD), sur platines vinyles (avec des disques vinyles ou des disques « Time codés » prévus pour fonctionner avec Serato, Traktor...), ou encore avec un logiciel de Mix comme Virtual DJ (avec ou sans contrôleur USB).

2/ Le « Live »

> Vous n'avez pas de tempo à caler, c'est vous qui le définissez dans

le logiciel une fois pour toute (vous n'avez pas à vous en préoccuper pendant votre session).

> Vous composez vous-même l'ensemble de la musique que vous comptez jouer, et vous vous basez non pas sur des titres complets mais uniquement sur des boucles (de 16 temps par exemple) et des samples ou des FX.

> Le son que vous jouez sort directement de votre ordinateur (ou de votre carte son si vous en avez une) et peux passer dans une table de Mixage, mais vous n'êtes pas obligé d'en utiliser une pour « Liver ».

> Vous pouvez lancer des effets spéciaux (samples), les triturer en temps réel et choisir de jouer (ou pas) tel instrument ou telle séquence pré-programmée à presque n'importe quel moment.

> « Liver » va vous demander de construire vos propres passage mélodiques, vos boucles et tous les autres éléments constituant votre Set.

> En « Live » vous gérez surtout l'entrée et la sortie de chaque instrument (indépendamment de leur volume, ou d'autres facteurs).

> L'utilisation d'un casque est facultative, vous n'avez pas besoin de caler le tempo comme c'est le cas pour un Mix sur platines.

> L'acoustique de l'environnement a moins d'importance sur les performances du Liveur que sur celles d'un DJ sur platines (pas de tempo à caler).

> Vous pouvez Liver avec Ableton, Fruity loops ou un autre logiciel de MAO (« Musique Assistée par Ordinateur »), et éventuellement un contrôleur USB ou MIDI (comme le Akai APC40 par exemple).

Mais vous pouvez aussi Liver sans utiliser d'ordinateur, juste avec des machines réelles (synthétiseurs, Boîtes A Rythmes, multi-effets...) synchronisées entre elles en MIDI.

Pour conclure, je dirais que finalement vos outils pour Mixer ne sont pas liés au style de musique que vous aimez, mais plutôt à la façon dont vous voulez vous exprimer.

Si vous aimez composer, orientez-vous vers du Live, si vous aimez jouer des titres prêts-à-l'emploi, orientez-vous vers du Mix sur platines ;-)

Une fois que vous savez vers où vous diriger (Live ou Mix sur platines), vous pouvez commencer à vous renseigner sur le matériel correspondant.

Le Remix en Live : Découvrez cet Art SUBTIL qui Mélange le DJing et la Production en TEMPS RÉEL !

Si vous ne connaissez par le Remix en Live, vous risquez d'être littéralement bluffé !

Découvrez tout de suite de quoi il s'agit :

1/ Le Remix en Live, c'est quoi ?

Un Remix en Live est un morceau qui est joué différemment de sa version originale par un autre producteur ou DJ.

Pour réaliser cela, le Remixeur utilise les sources audio du titre d'origine : les notes et les instruments séquencés en boucles de 16 temps (par exemple).

Il peut alors jouer le morceau à sa façon, en ajoutant ou en modifiant :

– des effets (echo, beat repeat, reverb…) quand il le souhaite,

– des boucles de 16 temps et leur place dans le titre,

– des samples (FX, acappellas...).

D'autres possibilités lui sont offertes en fonction de sa créativité et de son savoir-faire, comme scratcher la voix d'origine.

Tout ce travail est fait en temps réel, contrairement au Remixes réalisés en studio « à tête reposée », et souvent avec un autre type de matériel.

2/ Quel matériel faut-il pour faire du Remix en Live ?

Pour Remixer en Live, vous devez donc pouvoir jouer chaque instrument, sample ou séquence quand vous voulez, tout en ayant la possibilité d'en superposer plusieurs à la fois, et éventuellement d'y appliquer des effets.

Vous pouvez faire cela avec une configuration 100% sur machines physiques (avec des samplers, un multi-effets, une table de Mixage avec au moins 8 voies...), ou encore avec des lecteurs CD qui permettent de créer des boucles à la volée.

Mais ce qu'on voit plus couramment c'est une configuration constituée d'un logiciel de Mix (comme Traktor) et d'un ou plusieurs contrôleurs USB (comme le Native Instrument Kontrol S2).

Bien d'autres configurations sont possibles.

Vous pouvez utiliser :

– un logiciel « sequencer » comme Ableton Live pour lire les boucles,

– Serato pour jouer avec des points Cue et pour scratcher (cela peut aussi se faire avec des vrais vinyles si vous disposez de l'acappella),

– un synthé ou un logiciel de production musicale comme Fruity Loops avec un contrôleur USB.

3/ Quelques exemples de Remixes en Live :

Les meilleurs exemples de Remixes en Live en vidéo que je puisse vous montrer sont les performances de DJ Enferno !

Avertissement : si vous n'avez jamais vu le bonhomme jouer, ouvrez grand vos yeux (et vos oreilles ^^), pour ma part il me fait juste halluciner...

=> Chercher « DJ Enferno » dans Youtube et vous allez trouver sa chaîne... ;-)

>>> Sa configuration DJ est composée de :

– Un synthétiseur qui contrôle le VST Massive de chez Native Instrument.

– Une Maschine mk2 de chez Native Instrument, il s'agit du contrôleur USB avec les launch pads.

– Le logiciel Serato pour la voix à scratcher avec les disques vinyles « Time-codés » et en utilisant des points Cue gérés par la Maschine mk2.

Et oui, ça pique !!! :-)

5 Citations MÉMORABLES de Tiësto à Méditer d'URGENCE !

Pour devenir meilleur en DJing, il est essentiel de s'inspirer de modèles ou d'artistes expérimentés, voire des personnes qui ont une énorme longueur d'avance...

Des dizaines de grands DJs sont largement reconnus mondialement pour leur savoir-faire, comme Tiësto qui va vous donner matière à réfléchir avec ses citations :

1/ Tiësto, c'est qui ?

Tiësto (de son vrai nom Tijs Michiel Verwest) est l'un des plus grands DJs / compositeur / producteur / remixeur de tous les temps.

Né à Bréda aux Pays-Bas le 17 janvier 1969, il a sorti des morceaux chez différents labels comme Musical Freedom, Black Hole Recordings, Magik Muzik, Songbird ou encore PIAS.

Ses styles de musique sont principalement : Trance, Progressive, Electro et Deep House.

En Belgique, Tiësto a déjà joué devant 75000 personnes (!) et il est reconnu pour ses longs sets DJ pouvant atteindre 8H !

2/ Les citations de Tiësto à propos du DJing :

(source : brainyquote.com/quotes/authors/t/tiesto.html)

– Tiësto en a marre du support vinyl :

« I played a lot of acetates at the end of my vinyl period – I used to make tracks and get them pressed in four or five days – but the quality was always so bad and they would skip all the time.

The vinyl days for me are over.

I still buy vinyl, but only albums, and just to play. For DJing, vinyl is a nightmare. »

Tiësto

>>> En français : J'ai joué beaucoup de disques en acétate à la fin de ma période vinyles.

Je créais des titres que je faisais presser en quatre à cinq jours, mais la qualité n'était pas au rendez-vous, et ils n'arrêtaient pas de sauter.

Pour moi, le vinyl c'est terminé.

J'achète encore des vinyles, mais seulement des albums à écouter.

Pour Mixer, le format vinyl est un cauchemar.

– Tiësto sur le Mix de ses titres en public :

« I love to produce a track and then play it for the crowd; that's the biggest kick for me! »

Tiësto

>>> En français : J'adore composer des morceaux et les Mixer en public, c'est mon plus gros kiff !

– Tiësto sur l'importance de la créativité :

« It doesn't matter if they're famous or not – I just want to meet other creative people who can maybe bring something different to the studio than what I have.

I think that's the most important thing for me. »

Tiësto

>>> En français : Qu'elles soient connues ou pas n'a pas d'importance, je veux juste rencontrer des personnes créatives qui peuvent potentiellement m'apporter quelque chose de différent de ce que j'ai déjà en studio.

Je pense que c'est ce qu'il y a de plus important pour moi.

– Tiësto sur l'investissement en lui :

« Whenever I made money I invested in myself...

I bought whatever I needed to make my career better.

I never really spent money on other stuff, like buying expensive cars. »

Tiësto

>>> En français : A chaque fois que j'ai gagné de l'argent, je l'ai investi en moi...

J'ai acheté tout ce dont j'avais besoin pour améliorer ma carrière.

Généralement, je ne dépense pas d'argent dans d'autres choses, comme acheter des voitures de luxe.

– Tiësto sur la gestion de ses sets :

« I want to make myself and the crowd happy by way of something different, and that makes things difficult.

I'm never playing something that hasn't been released or no one has ever heard before because I care to deliver them what they were hoping to see from me.

But also I play four or five songs that will definitely surprise them. »

Tiësto

>>> En français : Je veux satisfaire le public tout autant que moi en faisant des choses différentes, et c'est ce qui rend la tâche difficile.

Je ne joue jamais des titres qui ne soient pas déjà sortis ou que personne n'ai jamais entendu avant, car je prends soin de donner à mon public ce qu'il attend de moi.

Malgré cela, je joue quand même quatre ou cinq titres qui vont certainement le surprendre.

5 Principes ESSENTIELS pour Apprendre à Mixer en FUYANT les Habitudes des DJs MINABLES

Vous en avez peut-être déjà vu en soirées, dans des bars ou à des anniversaires...

Ces DJs qui méritent des claques pour une raison ou pour une autre !

Dans certains cas, ils se prennent pour des rock stars dès qu'ils sont derrière les platines, mais ne savent pas forcément gérer un public.

D'autres fois, ils vont se comporter comme s'ils étaient les maîtres du monde, et se permettent de critiquer leur entourage pour se mettre en valeur...

Bref, vous voyez sûrement de quoi je veux parler, et voici cinq principes éthiques et pertinents pour devenir un bon DJ :

1/ Apprendre à Mixer en s'inspirant des DJs talentueux :

L'idée pour apprendre à Mixer de mieux en mieux est de repérer deux ou trois grands DJs largement reconnus (Tiësto, Armin Van Buuren, Skrillex...) dont la personnalité et le style de musique vous plaisent, et de les observer sans cesse.

Vous pouvez lire les interviews de ces personnes publiées sur internet ou dans des magazines, lire leur biographie sur Wikipédia, et surtout regarder des vidéos d'elles en train de Mixer via des sites comme Youtube ou DailyMotion.

Imprégnez-vous en au maximum, décortiquez leurs techniques de Mix, comment ces grands DJs interagissent avec leur public...

Repérez ce qui fait d'eux qui ils sont.

En quoi sont-ils différents des DJs banals ?

Comment font-ils pour se distinguer de tous les autres ?

En faisant ce « travail » régulièrement, vous pourrez adopter une aptitude similaire à la leur au fur et à mesure ;-)

2/ Apprendre à Mixer en travaillant sa créativité :

Évitez de jouer le même set à chaque soirée, surtout si vous êtes résident dans un club ou dans un bar !

Même si votre set déchire tout et que vous avez reçu des dizaines de compliments après l'avoir joué en public, plusieurs personnes noteront que vous manquez de créativité, d'originalité, ou encore que vous ne passez sans doute pas assez de temps à bosser chez vous pour innover...

Et ce serait bien dommage !

Restez toujours à l'affût de nouveaux titres qui sortent, et entraînez-vous sans cesse à de nouvelles techniques DJ pour enrichir votre savoir-faire.

Ecoutez d'autres styles de musique que vous Mixez habituellement en allant piocher dans des choses qui n'ont rien à voir.

Faites une pause de quelques jours si besoin pour aller chercher de l'inspiration, et revenir avec des idées fraîches.

3/ Apprendre à Mixer en public sans faire le pharaon :

Ne jouez pas un rôle bidon en vous créant une sorte de personnage fictif sous prétexte que vous êtes DJ !

Développez votre identité musicale et votre style vestimentaire éventuellement si cela colle à votre personnalité, si c'est cohérent et pas exagéré.

Mais n'en faites pas trop, restez « à votre place », sauf si vous voulez que des organisateurs ou des collègues se paient votre tête, ce qui serait bien dommage pour votre réputation !

Restez modeste quelque soit votre niveau en DJing, soyez réel et authentique.

Vous n'avez pas besoin de vous faire des ennemis, surtout si vous n'en êtes pas encore à un niveau confirmé ;-)

4/ Respecter les personnes du milieu est conseillé pour devenir DJ :

Quoi qu'il puisse se passer et dans la mesure du possible, restez courtois et respectueux envers vos collègues (organisateurs de soirées, patrons d'établissement, DJs...).

Ne parlez pas dans leur dos, même si quelque chose ne vous plait pas en eux, car ça pourrait finir par se savoir et se retourner contre vous.

Au contraire, essayez de rétablir une ambiance conviviale si vous assistez à des différents quand vous êtes en backstage par exemple.

Soyez la personne sympathique avec qui on s'entend bien (sans non plus faire le lèche-cul !), avec qui on peut discuter facilement et à qui on peut faire confiance.

Si un DJ se plante ou rencontre des difficultés pour assurer sa prestation, soutenez-le plutôt que de le critiquer, surtout si vous ne savez pas à qui vous parlez !

5/ Apprendre à Mixer en appliquant les « 3 P » :

Ce que j'appelle les « 3 P » est une sorte de mantra que vous pouvez vous répéter inlassablement pendant de longues années.

C'est un concept qui veut dire : Passion, Patience, Persévérance, et qui est bien représentatif de l'état d'esprit que vous devez adopter pour réussir et devenir un meilleur DJ, mais c'est aussi valable dans n'importe quelle autre discipline !

Beaucoup de DJs débutants abandonnent le Mix assez rapidement, dès qu'un obstacle se dresse devant eux.

Cela peut être le calage tempo manuel qui les rebute car il faut passer du temps à s'entraîner et à peaufiner sa technique.

Ca peut être le fait de ne pas arriver à faire danser son public lors des premières prestations en dehors de sa chambre, ce qui est très frustrant.

Ou encore, il peut s'agir de ne pas savoir comment exploiter pleinement le potentiel de son matériel DJ, et avoir ainsi l'impression de stagner...

Bref, si vous ne voulez pas faire parti de ces gens, suivez votre passion en vous faisant plaisir, persévérez pour progresser chaque jour un peu plus, et n'abandonnez jamais ! ;-)

Devenez un MEILLEUR DJ en Développant ces 3 Caractéristiques DÉCISIVES :

Que vous soyez DJ totalement débutant, ou que vous ayez enchaîné des milliers de titres ces dernières années, vous pouvez devenir un meilleur DJ en développant toujours davantage les 3 attributs suivants :

1/ Les meilleurs DJs ressentent pleinement la passion pour la musique :

Il est inutile d'avoir besoin de motiver les meilleurs DJs pour qu'ils se mettent aux platines : ils y sont déjà avant même qu'on n'est eu le temps d'y penser !

Leur passion dévorante leur fait passer des heures entières et des nuits blanches à enchaîner des titres inlassablement, et toujours en se faisant plaisir.

C'est naturel, il n'y a pas à « forcer », et l'envie perdure sur le long terme, sur plusieurs années ^^

Il ne s'agit alors plus uniquement d'un simple « passe-temps », mais plus du fondement d'un style de vie basé autour d'une démarche musicale qui prend une bonne partie de leur vie, et détermine grandement leurs choix aux quotidien.

Cette passion a un impact considérable sur la façon dont les meilleurs DJs vont employer leur temps, leur argent, leur énergie, et cela aura naturellement une répercussion sur leur environnement matériel et humain (comme s'embrouiller avec leurs voisins qui ne voient pas cette passion de la même façon à cause du bruit ! ^^).

Le bon DJ qui kiffe vraiment ce qu'il fait a toujours le sourire jusqu'aux oreilles lorsqu'il Mixe en public, car cet échange lui permet de partager sa vision de la musique avec des gens prêts à l'écouter.

Enfin, la passion peut mener les meilleurs DJs à investir de plus en plus dans du matériel DJ de meilleure qualité, afin d'étendre leurs possibilités créatives...

2/ Restez déterminé à progresser et persévérant sur le long terme pour devenir un meilleur DJ :

Les meilleurs DJs cherchent sans cesse à se perfectionner dans leurs techniques de Mix, afin de les maîtriser plus facilement en conditions de stress, lorsqu'ils jouent en public.

Ils cherchent à rester à jour dans leur collection de morceaux, soit en s'intéressant aux derniers titres sortis à Mixer absolument pour suivre l'engouement de leur public, soit pour pouvoir peaufiner leurs sets avec des nouvelles trouvailles enrichissantes.

Dans certains cas, si le DJ créé aussi des morceaux, il peut ajouter ses propres compos à sa collection, ou encore créer des versions remix de titres connus, afin de gagner en originalité.

Souvent quand on apprend à Mixer la progression n'est pas du tout linéaire : on peut par exemple stagner au début si on galère à maîtriser le calage tempo (un obstacle décisif pour avoir les bases du Mix), et dès que cet aspect est dépassé, on peut sentir une progression bien plus rapide car ça « débloque » d'autres aspects comme les techniques de transitions qui deviennent plus facilement réalisables.

Puis, au bout d'un an (par exemple) à travailler les techniques DJ de base, on peut avoir l'impression de stagner à nouveau car on manque de créativité, on reste un peu toujours dans les mêmes façons de Mixer...

Bref, ça peut arriver d'avoir des hauts et des bas dans sa progression, et c'est normal : le bon DJ continue quoi qu'il arrive, avec patience et persévérance ^^

Le DJ qui s'est entraîné suffisamment assure lorsqu'il joue en public, et exprime donc une forte confiance en lui : il peut interagir avec son public sans passer tout son temps à stresser aux platines, et à se poser trop de questions...

Il a peut-être suivi des cours de Mix pour en arriver là, et est toujours prêt à apprendre davantage.

3/ Les meilleurs DJs entretiennent leur réseau social, aussi bien professionnel que personnel :

Les relations sont extrêmement importantes dans le milieu du DJing comme dans la vie en général.

Il s'agit de faire vibrer des groupes de gens (le public), grâce à des « collaborateurs » (les organisateurs de soirées, les patrons d'établissements, des amis DJs…), donc les DJs sont au cœur d'un réseau de personnes « clé » pour leur réussite (même en dehors d'un contexte professionnel !).

Les meilleurs DJs l'ont bien compris, c'est pourquoi ils savent s'entourer des bonnes personnes, celles qui peuvent les aider à développer et à exprimer leur passion, et en échange, ces DJs le leur rendent bien de part leur « travail », leur investissement et leur notoriété dans certains cas.

Développer sérieusement et entretenir régulièrement des bonnes relations avec tout ces gens permet au bon DJ de continuer à s'épanouir, de se faire booker, et d'apprendre davantage par l'expérience de Mixer en public.

Mais bien sûr cela ne suffit pas, car le bon DJ passe aussi du temps à développer sa base de fans, afin de toujours gagner en popularité !

DJ Network « l'École des DJ et du Son » : Découvrez la VÉRITÉ (+ 3 Substituts)

Vous connaissez peut-être DJ Network, une école française qui forme des élèves pour devenir DJ, producteur ou encore compositeur de musiques électroniques.

Ce type d'enseignement peut s'avérer intéressant et efficace pour certaines personnes, et peut ne pas du tout correspondre à d'autres suivant les contraintes et les attentes de chacun...

Explications en détails :

1/ DJ Network, qu'est-ce que c'est ?

DJ Network est une école qui propose des formations pour devenir DJ professionnel et / ou producteur de musique (MAO, composition, Mixage en studio...) dans trois grandes villes françaises.

Les cours sont dispensés dans les locaux de l'école, et s'étalent sur plusieurs mois en fonction du cursus de l'élève.

DJ Network dispose de matériel professionnel (contrôleurs USB, platines CD, tables de Mixage...), et a mis en place des partenariats intéressants avec des constructeurs (Pioneer, Akai...), des radios (FG DJ Radio, NRJ) ou encore des magazines (DJ Mag).

Créée en 1994, cette école de DJ a donc de longues années d'expérience dans l'apprentissage du Mix et de la création musicale.

2/ Les avantages et les inconvénients d'intégrer une école comme DJ Network :

>>> Les avantages :

– Vous êtes entouré d'autres élèves qui sont motivés et passionnés par la musique, ce qui peut créer une ambiance positive et motivante, même si vous serez en concurrence avec plusieurs d'entres eux une fois sorti de l'école.

– Vous apprenez à Mixer avec des DJs et des producteurs professionnels, vous bénéficiez donc de leur expérience du dancefloor et de leurs connaissances dans le milieu.

Cela peut vous aider à établir des contacts plus facilement pour postuler à un stage ou à une offre d'emploi, ou pour décrocher des bookings.

C'est donc une bonne voie pour devenir DJ pro, mais attention à ne pas devenir « formaté » comme les autres élèves ayant appris les mêmes choses, de la même manière, avec les mêmes enseignants !

Vous devez développer VOTRE personnalité musicale qui vous est propre ;-)

– Vous pouvez développer plusieurs compétences connexes : apprendre à Mixer sur platines bien sûr, mais aussi vous former en production musicale, et même en communication visuelle (graphisme, montage vidéo…) pour certains cursus.

Cela peut vous être utile si vous voulez vous professionnaliser, mais se disperser dans plusieurs domaines ne convient pas forcément à tout le monde.

– Vous avez à votre disposition du matériel DJ professionnel, du type que vous pouvez retrouver quand vous Mixez en club.

Malheureusement, vous n'avez pas forcément le budget pour vous offrir le même matériel pour travailler chez vous (comme une configuration Pioneer à plus de 5000€ avec deux CDJ 2000 Nexus et une DJM 900 Nexus !), ce qui peut être frustrant !

– Vous ressortez avec un diplôme plus ou moins reconnu dans le milieu professionnel.

>>> Les inconvénients :

– Les contraintes géographiques : les écoles de DJ comme DJ Network ne sont pas présentes dans toutes les grandes villes, loin de là, et donc vous devez déménager (avec tous les désagréments que cela impose) pour vivre à proximité le cas échéant.

DJ Network, par exemple, n'est présente que sur Paris, Cannes et Montpellier…

– Les places sont limitées, comme dans toute école, donc rien ne garantit que vous pouvez intégrer l'école, même si tous les autres critères d'admissibilité sont OK pour vous.

– Les tarifs élevés qui peuvent clairement rebuter une grande partie des prétendants, même si des aides (CIF, DIF…) peuvent en aider quelques uns à intégrer ce type d'école de DJ.

Chez DJ Network, les tarifs à ce jour sont respectivement de 1500€, 4900€ et 7400€ pour les formations « Création & Production musicale », « Mixage & Prestation scénique », et « DJ Producteur Musiques actuelles ».

3/ Les alternatives aux écoles telles que DJ Network pour apprendre à Mixer :

Vous pouvez devenir DJ sans passer par une école comme DJ Network.

Pour cela, vous avez plusieurs solutions :

– Compter sur un ami qui soit doué aux platines et qui veuille bien passer du temps pour vous apprendre à Mixer.

L'avantage c'est que ça ne vous coûte rien en cours, par contre sa pédagogie et son professionnalisme ne sont sans doute pas équivalents à ceux de profs de Mix d'écoles ou indépendants à domicile.

Vous progressez plus lentement, et vous n'êtes pas immergé dans la même ambiance porteuse que vous pouvez trouver en école de DJ.

Cette approche peut aller si vous êtes DJ débutant, mais pas pour devenir DJ professionnel.

L'avantage, c'est la proximité que vous pouvez avoir avec votre ami, par le fait qu'il partage sa passion avec vous ! :-)

– Les cours de Mix à domicile par des profs indépendants : cette solution est payante, mais, logiquement, vous apprenez plus vite que si vous étiez autodidacte ou en comptant sur un ami, car ce prof a normalement une expérience du dancefloor de plusieurs années.

Le top c'est qu'il soit un DJ pro en activité (c'est-à-dire qu'il soit payé pour Mixer en soirées), et si possible dans votre style musical.

Ces conditions ne sont pas faciles à réunir, sachant que vous êtes dépendant de ses horaires pour apprendre, et de sa disponibilité géographique : si vous n'êtes pas dans une grande ville, vous aurez du mal à trouver un prof de Mix à domicile qui vous convienne.

– Les formations DJ en ligne : c'est la solution payante la plus économique, car internet permet de faire chuter les coûts du prof (pas de local à payer, pas de matériel DJ à fournir, pas de frais de déplacement, les cours sont valables pour plusieurs élèves…).

Vous apprenez à Mixez de chez vous où que vous soyez, car les cours sont disponibles en téléchargements (vidéos, PDF, exercices à faire…) ou directement en ligne (vidéos en streaming par exemple).

Avec des cours DJ en ligne, vous apprenez à votre rythme quand vous le souhaitez, en fonction de votre emploi du temps et de vos contraintes personnelles, vous ne dépendez plus de qui que ce soit pour progresser.

Vous travaillez avec votre propre matériel de Mix, celui sur lequel vous êtes habitué et que vous pouvez utiliser quand vous Mixez en public.

Les formations DJ en ligne représentent donc un moyen redoutable pour devenir DJ facilement, et elles rendent l'apprentissage du Mix accessible au plus grand nombre.

C'est pourquoi j'ai choisi cette approche efficace pour partager ma passion avec plus de 670 élèves à ce jour :-)

Devenir DJ Pro : le Cheminement (en 3 Clés) à Suivre IMPÉRATIVEMENT :

Vous souhaitez devenir un DJ professionnel dans un avenir plus ou moins proche ?

Beaucoup de débutants le souhaitent, mais ne savent pas forcément comment s'y prendre…

Si c'est votre cas, vous pouvez adopter dès maintenant une démarche de progression logique, basée sur ces 3 étapes :

1/ Maîtrisez bien les bases techniques du Mix et de la théorie musicale avant de chercher à devenir un DJ professionnel !

Cela peut paraître évident de prime abord, mais nombreux sont les DJs débutants (ou même déjà un peu expérimentés) qui visent le sommet un peu trop rapidement, sans avoir pris conscience au préalable de tout le travail et les efforts qu'ils devront fournir pour y arriver.

Loin de moi l'envie de vous « casser » si vous vous sentez visé, mais il faut des fois accepter de redescendre sur Terre pour ne pas se laisser berner par des illusions !

Les DJs pro ont tous passé de (très très) longues heures à travailler leurs techniques de Mix, à peaufiner leurs playlists aux petits oignons, à préparer minutieusement leurs prestations pour assurer quand ils jouent en public...

Il n'y a pas de secret, vous ne pourrez pas prendre des raccourcis qui n'existent pas pour devenir une pointure dans votre domaine !

Si besoin, prenez des cours, allez en école de DJ, trouvez un mentor pour vous accompagner dans votre progression, mais ne vous arrêtez jamais de progresser !

Certains DJs professionnels se sont aussi investi dans des activités connexes au Mix, comme par exemple organiser des soirées pour mieux comprendre leur fonctionnement et leur déroulement, installer des sonorisations pour des scènes, ou encore produire des titres.

Les connaissances et le savoir-faire qu'ils ont accumulé de cette manière leur ont permis de s'immerger encore davantage dans le milieu.

2/ Développez votre identité musicale :

Dans un premier temps, validez votre nom de scène qui va vous suivre pendant de longues années.

Ne vous trompez pas, car l'idée c'est d'en choisir un qui soit définitif pour ne pas avoir à le changer lorsque vous aurez commencé à vous faire connaître dans le milieu !

Vous pouvez noter plusieurs dizaines d'idées de noms, puis les « filtrer » pour ne garder qu'une minorité qui respecte (au moins) tous ces critères de sélection :

– Facile à lire lors d'un survol rapide (sur un flyer par exemple).

– Facile à écrire (pour éviter des fautes de frappe de la part d'autres personnes).

– Facile à prononcer.

– Vous pouvez inclure « DJ » au début de votre nom ou pas.

– Vous pouvez vous baser sur votre prénom, votre nom de famille ou sur un pseudo que vos amis vous ont attribué, que vous pouvez ensuite modeler pour qu'il sonne bien pour un nom de DJ.

D'autres critères sont à prendre en considération, mais vous avez compris l'idée : prenez le temps qu'il faut pour trouver LE nom qui claque :-)

Focalisez-vous sur le style musical qui vous correspond le plus, que vous aimez Mixer par dessus tout, et qui est le plus cohérent avec votre personnalité.

Vous devez faire en sorte que les gens (votre public, les organisateurs de soirées, les patrons d'établissements...) puissent vous attribuer une « étiquette », par exemple : « Machintruc, DJ Electro », ou encore : « Mr Cool, DJ Ragga »...

Ne prenez pas ce conseil comme quelque chose de « rabaissant », bien sûr vous êtes un humain plein de qualités et de goût qui vont au-delà d'un seul style musical (rien ne vous empêche de Mixer d'autres styles quand vous êtes chez vous par exemple), mais le fait de vous spécialiser sur un créneau bien précis facilite le travail pour les gens.

Ils vont ainsi se rappeler plus facilement de vous et de ce que vous faites quand vous démarcherez pour vous booker ;-)

Travaillez votre originalité pour vous démarquer des autres DJs, en recherchant activement et de façon hebdomadaire des nouveaux titres rares, originaux, des remixs...

L'un des aspects cruciaux qu'on retrouve chez la majorité des grands DJs c'est qu'ils se sont mis à la production pour créer leurs propres titres, ce que je vous recommande vivement de faire !

Bien sûr ça prend énormément de temps, car c'est se mettre à une discipline qui est complémentaire au DJing, et il s'agit de faire cela en plus de continuer à Mixer (sinon c'est pas drôle :-)) !

L'avantage de vous mettre à composer c'est que vous pouvez créer des titres sur-mesure pour vos sets, vous pouvez vous faire connaître via vos bébés (en plus de vos sets), et vous comprenez plus en profondeur tout ce qui est lié aux structures musicales, comment sont créés les morceaux, comment jouer avec leur énergie...

Et cela vous permet d'aller plus loin dans votre façon de Mixer ! ;-)

Enfin, créez votre univers complet bien personnalisé, pas uniquement d'un point de vue musical, mais aussi d'un point de vue graphique.

Trouvez un graphiste professionnel pour créer votre logo de DJ : pour moins de 100€ vous pouvez avoir un résultat qui cartonne.

Ecrivez un brief complet, avec vos idées, votre nom de scène préalablement validé, un descriptif de votre personnalité, éventuellement des exemples de logos d'autres DJs que vous aimez, ou de visuels divers...

3/ Devenir un DJ pro nécessite de penser votre développement de carrière comme un vrai job !

Etre DJ pro c'est être au cœur d'un réseau de personnes dont vous dépendez pour assurer vos prestations.

Qu'il s'agisse de vos fans (qui favorisent directement votre popularité), d'organisateurs d'événements, de responsables (comme des patrons de clubs...), ou de vos collègues DJs, vos connaissances dans le milieu représentent clairement le levier le plus puissant qui vous permette de développer votre activité !

D'où l'importance d'entretenir et d'agrandir votre cercle social en permanence.

Vous pouvez adopter une approche ressemblant à du « marketing » (d'une certaine manière) pour chercher à avoir toujours plus de fans, mais aussi pour « vous vendre » au près des organisateurs de soirées ou des patrons d'établissements, comme c'est le cas dans de la recherche d'emploi classique.

Votre CV de DJ doit être mis à jour régulièrement si vous n'êtes pas résident, et vous pouvez établir un plan de carrière pour les 5 années à venir (afin de savoir où vous voulez aller), avec des objectifs intermédiaires (comme : avoir Mixé dans tel club avant le 1er janvier 2016, ou encore : avoir obtenu plus de 1000 likes sur votre page Facebook...).

Soyez toujours à jour par rapport à ce qui se passe dans le milieu du DJing professionnel : abonnez-vous à des magazines pour DJ, à des sites ou encore à des chaînes Youtube pour rester à l'affût des dernières news et tendances.

Continuez à progresser techniquement dans les années à venir, et maîtrisez le matériel DJ professionnel de façon à ne pas avoir de surprise lorsque vous devrez l'utiliser quand vous Mixez en public ! ;-)

[BONUS GRATUIT] COMMENT ALLER (BEAUCOUP) PLUS LOIN DÈS MAINTENANT :

Pour terminer ce livre, je tiens à **vous remercier de m'avoir suivi** jusqu'ici !

J'espère que vous avez autant apprécié lire ce contenu que moi à le créer ^^

Comme vous avez pu le constater, il y a énormément de choses à découvrir et à peaufiner dans cette passion qu'est le DJing ! :-)

Mais si vous voulez progresser concrètement, surtout ne vous limitez pas à lire, mais appliquez ce que vous avez appris...

Même si certaines techniques ou approches vous semblent un peu « bizarres » ou originales, au moins testez-les !

Cela vous fera de l'expérience, et rien n'est plus formateur que votre propre vécu ;-)

Pour vous permettre de continuer à progresser en mix et d'aller beaucoup plus loin, je vous ai préparé un CADEAU spécial !

Il s'agit d'un ensemble de ressources avec des méthodes étapes par étapes, des vidéos explicatives, des outils et de nombreux autres conseils **à télécharger GRATUITEMENT**...

Si vous avez aimé ce livre, vous allez adorer la suite... :-)

Ce « **Pack de Bienvenue** » s'adresse à vous que vous soyez DJ complètement néophyte qui veuille faire ses premiers pas facilement, ou que vous soyez DJ de niveau avancé ou professionnel...

>>> **Dans un instant, vous allez découvrir (entre autres) :**

LE GUIDE POUR BIEN DÉMARRER EN DJING

(plus de 28 pages expliquées simplement !)

> Comment **bien démarrer en DJing** pour faire vos premiers pas FACILEMENT,

> Comment AVORTER l'erreur n°1 que font **90% des DJs débutants**,

> Comment et pourquoi choisir vos titres JUDICIEUSEMENT peut absolument **tout changer**...

LA VIDÉO POUR GAGNER 3, 5 ET MÊME 7H DE MIX EN PLUS CHAQUE SEMAINE

(plus de 25 minutes d'astuces et de conseils !)

> Comment **régler le problème le plus RÉCURRENT** chez les DJs débutants et professionnels,

> Comment appliquer des processus EFFICACES pour **passer plus de temps à mixer**,

> Comment utiliser des outils SPÉCIFIQUES pour **avancer concrètement**...

LES 7 MODES D'EMPLOI SUR LE MIX EXPLIQUÉS ÉTAPE PAR ÉTAPE

(plus de 51 pages au total !)

> Comment OPTIMISER votre ordinateur pour **mixer dans les meilleures conditions**,

> Comment **ASSURER vos sets de « warm-up »** en vous faisant apprécier des DJs « guests »,

> Comment dénicher vos perles musicales **bien plus RAPIDEMENT**...

Pour télécharger (gratuitement) votre Pack de Bienvenue tant que vous y avez encore droit, rendez-vous sur cette page :

La-guerre-des-potards.com/Livre

Après avoir rentré votre prénom et votre adresse email, vous recevez immédiatement **vos accès à la première vidéo du Pack**, ainsi qu'à d'autres ressources.

Puis, **vous allez recevoir une deuxième vidéo** dans votre boîte mail quelques jours après, puis une troisième...

Je ne vous en dis pas plus pour le moment, je vous laisse découvrir tout ça par vous-même... :-)

Au plaisir de vous y retrouver dès maintenant ! ;-)

A bientôt,

Yann Costaz

Yann Costaz
Passionné de Musiques Électroniques, DJ & Producteur

PRÉSENTATION DES COURS DJ

Pour vous permettre **d'apprendre à mixer de manière bien plus rapide et plus efficace (tout en étant accompagné)**, je propose des cours accessibles par internet...

Ces méthodes expliquées étape par étape (vidéos + PDF + fiches mémo + exercices...) s'adressent aussi bien **à des DJs débutants qu'à des DJs de niveau avancé**.

Ces cours sont prévus pour s'adapter **aux différents matériels** (logiciels DJ avec contrôleur USB, platines vinyles ou CD...), et **aux différents styles de musique électronique**.

Voici une présentation des principales formations qui vous permettent **d'apprendre à mixer chez vous, à votre rythme, avec votre matériel :**

> PHASE 1 : la Formation « Padawan »
(5 cours pour DJs débutants, à suivre sur 1 mois)

> PHASE 2 : la Formation « Le Dojo »
(12 niveaux d'entraînement pour DJs intermédiaires, à suivre sur 3 mois)

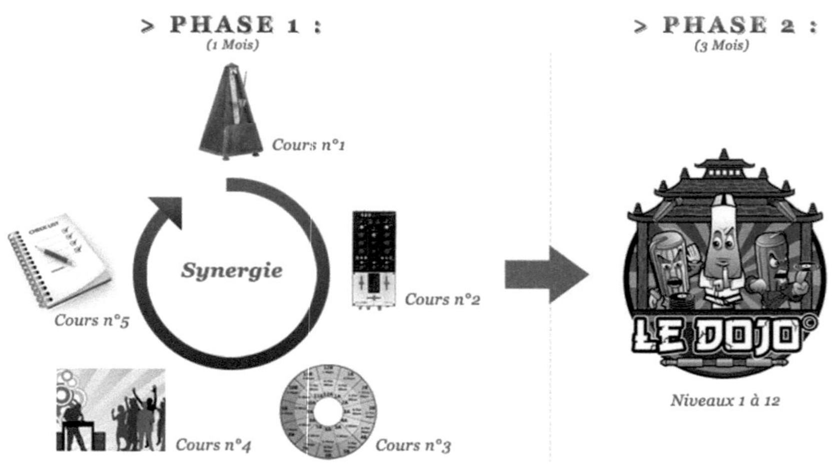

LA FORMATION DJ PADAWAN *(niveau débutant)* :

« Dans 1 Mois vous MIXEZ EN PUBLIC (Même si Vous n'y Connaissez Absolument RIEN) ! »

– Vous allez **MAÎTRISER facilement les bases du DJing en SEULEMENT 4 semaines** d'entraînement *(même si vous ni connaissez absolument rien pour l'instant !)...*

– Vous allez profiter de la **SYNERGIE** apportée par l'enchaînement des cours **dans un ordre LOGIQUE d'apprentissage** *(à raison d'un cours par semaine pendant plus d'un mois !)...*

– Vous allez acquérir **les FONDAMENTAUX du Mix** qui vont vous permettre de **révéler votre personnalité musicale PUBLIQUEMENT** *(vous allez vous épanouir en développant votre propre identité !)...*

> **Plus d'infos ici : La-guerre-des-potards.com/Padawan**

LE DOJO COMPLET – 3 MOIS D'ENTRAÎNEMENT AU DJING *(niveau intermédiaire)* :

« Devenez le MAÎTRE DES PLATINES que Vous Méritez d'Être ! (Vous Allez Progresser Chaque Semaine Pendant 3 Mois)... »

– Vous allez profiter d'un **SÉRIEUX entraînement au Mix s'étalant sur 12 semaines pour passer de DJ intermédiaire à CONFIRMÉ** *(vous allez décupler vos techniques et vos connaissances grâce aux 12 vidéos + 12 ressources + 3 outils !)...*

– Vous allez **développer votre identité musicale et faire EXPLOSER votre notoriété comme JAMAIS AUPARAVANT** *(notamment avec les vidéos des Niveaux 5 et 7, et la ressource du Niveau 11 !)...*

– Vous allez apprendre à **vous distinguer CLAIREMENT des autres DJs et à vous faire remarquer INGÉNIEUSEMENT pour décrocher des bookings** *(il n'est pas question de faire la même chose que ce qu'on apprend dans les écoles de DJ classiques !)...*

> **Plus d'infos ici : La-guerre-des-potards.com/Ledojo**

LA FORMATION DJ BUSHIDO *(niveau débutant et intermédiaire)* :

« Devenez DJ CONFIRMÉ en (Seulement) 4 Mois !
… Même si Vous Partez Absolument de ZÉRO…
- La NOUVELLE Formation DJ "en 2 Phases" - »

– Vous suivez **un programme d'apprentissage du DJing COMPLET sur 4 MOIS**, qui reprend les 5 cours de **la Formation Padawan** suivis des 12 Niveaux **du Dojo** *(vous profitez bien sûr d'un tarif avantageux !)…*

– Vous devenez **DJ CONFIRMÉ** au bout de ce cursus intensif même si vous êtes actuellement **TOTALEMENT DÉBUTANT** *(tout est expliqué étape par étape pour une progression rapide et facile !)…*

– Vous recevez du nouveau contenu **chaque semaine** pendant les 4 mois, et vous êtes **GUIDÉ et ACCOMPAGNÉ** tout au long de la formation *(vous serez alors opérationnel pour vous faire booker en soirées !)...*

> **Plus d'infos ici : La-guerre-des-potards.com/Bushido**

RETROUVEZ L'ENSEMBLE DES COURS DJ :

>>> **La-guerre-des-potards.com/Cours**

À PROPOS DE L'AUTEUR

Né en 1983 à Montmorency en région parisienne, « YannOO » (Yann Costaz) s'est passionné pour les musiques électroniques depuis qu'il a découvert le mouvement Tekno en 2002.

Il s'initie rapidement à l'art du DJing en autodidacte grâce à un logiciel de Mix, et fait ses premiers pas en « M.A.O. » (Musique Assistée par Ordinateur) afin de composer des morceaux de Hardtek, son style musical favori.

Il crée dans la foulée le collectif « ZAT » avec une bande d'amis aussi mordus de musique Tekno, afin de pouvoir organiser des fêtes libres.

Cette initiative permet à YannOO d'assurer ses premières prestations de DJing en public.

Désireux d'explorer de nouvelles possibilités dans sa passion, il se met à faire presser ses morceaux sur des disques vinyles commandés à l'unité, en restant indépendant de tout label.

Il peut ainsi jouer ses propres compos en public tout en profitant du support vinyle qui lui est si cher.

À ce jour, sept disques autoproduits ont été réalisés en collaboration avec « KalbO « , son fidèle acolyte, et d'autres projets sont en cours de préparation.

C'est en réunissant neuf de ses titres Hardtek que YannOO a pu sortir son premier album « Tribecore Addict », disponible sur Juno Download etAmazon.

En 2009, il lance son blog Mix Vinyl dédié à l'apprentissage du DJing, sur lequel il publie des astuces, des techniques et des conseils sur le Mix dans sa globalité.

Depuis, il n'a cessé de partager ses connaissances et son expérience au grand public, notamment grâce à son Guide sur le Mix« La Guerre des Potards » (publié en 2011 et lu par plus de 8.600 DJs), ainsi que par ses cours DJ pour débutants et confirmés.

Il publie dans ce contexte quelques articles sur Audiofanzine, et fait une apparition dans SONO Mag.

Voulant s'orienter vers l'organisation de soirées Techno légales en région parisienne, YannOO intègre le collectif Les Durs d'Oreilles avec 5 de ses amis en 2013.
Il va alors jouer maintes fois devant un public plus large, et nouer des relations avec des acteurs importants du milieu.

Son premier titre chez un label arrive en 2014 : Amissa Memoria (en versus avec son ami Kalbo) est pressé sur vinyles (le Gajin 01) en 300 exemplaires chez GaiJin ReKorZ.

S'ensuit son 2ème album « L'appel du Chaman » disponible sur Juno Download, regroupant 7 de ses titres dont 2 en versus avec Kalbo, ainsi que 2 de type « orchestral ».

Le 1er novembre 2014, YannOO est invité à jouer au Zénith de Nancy lors de la soirée Beatfreak'z Horror Show.
Il joue pour la première fois son set « The Lean Projekt » incluant 6 de ses morceaux.

>>> REJOIGNEZ-MOI SUR :

> **Youtube** : Youtube.com/user/LaGuerreDesPotards

> **Facebook :** Facebook.com/LaGuerredesPotards

> **Twitter :** Twitter.com/Yann_LGDP

> **Mon Site d'Artiste :** Yannoo-dj.com

MIXTE

Papier issu
de sources
responsables
Paper from
responsible sources

FSC® C105338